Jacob • van Genderen • Seebauer

**Andere Wege gehen**

Gitta Jacob • Hannie van Genderen • Laura Seebauer

# Andere Wege gehen

Lebensmuster verstehen und verändern –
ein schematherapeutisches Selbsthilfebuch

Mit Online-Materialien

BELTZ

*Anschrift der Autorinnen:*

Dr. Gitta Jacob
Klinische Psychologie und Psychotherapie
Forschungsambulanz
Engelbergerstraße 41
D-79106 Freiburg
E-Mail: gitta.jacob@psychologie.uni-freiburg.de

Hannie van Genderen M. Sc.
RIAGG Maastricht
Parallelweg 45–47
NL-6221 BD Maastricht
E-Mail: h.vgenderen@riagg-maastricht.nl

Dipl.-Psych. Laura Seebauer
Universitätsklinikum Freiburg
Abteilung für Psychiatrie und Psychotherapie
Hauptstraße 5
D-79104 Freiburg
E-Mail: laura.seebauer@uniklinik-freiburg.de



1. Auflage 2011


Programm PVU Psychologie Verlags Union
http://www.beltz.de

Illustrationen: Claudia Styrsky

Lektorat: Karin Ohms
Herstellung: Uta Euler
Reihengestaltung: Federico Luci, Odenthal
Graphische Realisation: Sonja Frank
Umschlagbild: getty images, KYUOH, Irland
Satz und Bindung: Beltz Bad Langensalza GmbH, Bad Langensalza
Druck: Beltz Druckpartner GmbH & Co. KG, Hemsbach

Printed in Germany

ISBN 978-3-621-27820-1

# Inhaltsübersicht

# Inhalt

## Teil III Anhang

# Vorwort

Mit diesem Buch möchten wir Ihnen helfen, sich selbst und Ihre Gefühle besser zu verstehen, und zwar vor allem dort, wo Sie immer wieder feststellen, dass Ihre eigenen Muster dem, was Sie »eigentlich« erreichen wollen, im Wege stehen. Um »andere Wege zu gehen« ist es meist sinnvoll, zunächst die alten Wege zu verstehen, ihre Herkunft, ihren Verlauf, und wodurch sie so tief ausgetrampelt wurden. Um dieses Verstehen, diese Analyse Ihrer Muster geht es in Teil I des Buches. Im zweiten Teil erläutern wir dann, mit welchen Methoden und in welchen Schritten Sie Ihre Muster dort verändern können, wo Ihnen dies notwendig oder sinnvoll erscheint.

Dazu wird der Schema-Modus-Ansatz verwendet. Dieser Ansatz ist die aktuellste Entwicklung der Schematherapie, deren rasche Verbreitung im deutschsprachigen Raum mit den Büchern von Jeffrey Young und Kollegen (2006, 2008) aus New York den Anfang nahm. Viele Therapeuten sind von diesem Ansatz begeistert, weil er wichtige Erkenntnisse und Methoden aus ganz unterschiedlichen therapeutischen Richtungen sehr übersichtlich zusammenfasst. Es werden sowohl Gedanken als auch Gefühle beachtet, und die aktuelle Problematik hat genauso ihren Platz wie ihre Entstehung in der Kindheit. Patienten schätzen diese Arbeitsweise oft sehr, weil sie das Gefühl haben, damit am »eigentlichen Kern« ihrer Probleme zu arbeiten, und zwar in einer Art und Weise, die sehr gut verständlich und nachvollziehbar ist. In der Arbeit mit den Schemamodi begegnen sich Patient und Therapeut auf Augenhöhe und suchen gemeinsam nach Wegen, Gefühle besser zu verstehen und Handlungsmuster so zu verändern, dass die eigenen Bedürfnisse besser berücksichtigt werden.

Wir hoffen, dass es uns gelungen ist, interessierten Menschen das Schema-Modus-Konzept verständlich zu vermitteln. Außerdem möchten wir Sie anregen, so an sich zu arbeiten und sich so zu verändern, dass negative Gefühle schwächer werden, positive Gefühle mehr Platz im Leben haben und ungünstige Umgangsweisen mit schwierigen Gefühlen abgebaut werden. Dabei können Sie das Buch entweder als reines Selbsthilfebuch oder als Begleit-Lektüre zu einer (Schema-)Therapie nutzen. Psychologische Fachbegriffe, die vielleicht nicht unmittelbar bekannt sind, werden in einem Glossar im Anhang des Buches erläutert. Auf die Glossarbegriffe wird im Text mit einem → hingewiesen. Auf die im Buch verwiesenen Arbeitsblätter können Sie online über die Verlagshomepage (http://www.beltz.de) zugreifen und sie herunterladen oder ausdrucken. Genauere Hinweise dazu finden Sie hinten im Buch.

Dieses Buch ist eine von vielen Früchten einer wunderbaren Zusammenarbeit von klinisch-psychologischen Arbeitsgruppen der Universität und des RIAGG in Maastricht (Niederlande) und der Universität Freiburg im Breisgau. Wir freuen uns sehr über diese Kooperation, die uns schon viele interessante Einblicke und gemeinsame Projekte beschert hat. Karin Ohms und Dr. Svenja Wahl vom Beltz-Verlag sowie Almut Adler und der Medizinische Schreibservice Köln waren eine unglaublich zuverlässige, engagierte, interessierte und effektive Unterstützung. Claudia Styrsky hat die wundervollen Cartoons realisiert, von denen wir gar nicht genug bekommen konnten … Ihnen allen unser herzlichster Dank! Last but not least danken wir unseren Partnern und Familien, dass sie (mal wieder) bereit waren, die notwendige Toleranz für diesen Freizeit- und Wochenendfresser aufzubringen!

*Freiburg und Maastricht, im Frühjahr 2011*

*Gitta Jacob*
*Hannie van Genderen*
*Laura Seebauer*

# 1 Einführung

**Fallbeispiel**

Kerstin B. ist 34 Jahre alt, hat eine stabile Beziehung und einen vierjährigen Sohn, und arbeitet in Teilzeit als Sprechstundenhilfe. Eigentlich könnte ihr Leben völlig in Ordnung sein, wenn sie nicht Kleinigkeiten in Beziehungen, z. B. wenn die Vollzeitkolleginnen einen »Insider-Scherz« austauschen, den sie nicht versteht, immer wieder gefühlsmäßig so aus der Bahn werfen würden. Dann fühlt sie sich völlig abgelehnt und ausgeschlossen und so, als könne sie nie irgendwo dazugehören. Sie zieht sich dann oft in die Arbeit zurück; wenn jemand sie aber »auf dem falschen Fuß erwischt«, kann es auch vorkommen, dass sie ganz patzig wird. Dann ärgert sie sich auch noch über die anderen und über sich selbst.

Dieses Problem kennt sie schon ihr Leben lang … vielleicht hat es zu tun damit, dass sie als Kind so häufig umgezogen war und immer wieder erlebt hatte, dass ihr neue Klassenkameraden erstmal ablehnend gegenüberstanden. Als sie zwölf Jahre war, wuchs sich das über zwei Jahre in einer schwierigen Klasse zu einem richtigen Mobbing aus.

Kommt Ihnen das irgendwie bekannt vor? Hartnäckige Muster, die Sie einfach nicht loswerden, weil bestimmte Gefühle sich immer wieder in Ihr Leben einmischen? In diesem Buch lernen Sie eine aktuelle Entwicklung in der Psychotherapie kennen, die sogenannte Schematherapie. Das Ziel der Schematherapie ist, den Ursprung solcher Muster zu verstehen, ihre Wirkung in Ihrem Alltag zu untersuchen, und sie so zu verändern, dass Sie sich besser fühlen und besser für sich und Ihre Bedürfnisse sorgen können, ohne die anderen aus dem Auge zu verlieren.

Die Schematherapie ist eine Weiterentwicklung der Verhaltenstherapie und verbindet Ideen aus sehr vielen psychotherapeutischen

Ansätzen. Der folgende Kasten gibt einen Überblick über die Akzente, die aus verschiedenen therapeutischen Richtungen in die Schematherapie eingeflossen sind.

**Therapeutische Verfahren, die in die Schematherapie einfließen**

**Kognitive Verhaltenstherapie.** Schwerpunkt auf Veränderung und auf ganz konkrete Probleme
**Tiefenpsychologie.** Verständnis, dass psychische Probleme in den allermeisten Fällen etwas mit den Bedingungen in Kindheit und Jugend zu tun haben
**Psychodrama und Gestalttherapie.** Techniken zur Veränderung von Gefühlen
**Humanistische Therapie/Gesprächspsychotherapie.** Fokus auf menschliche Bedürfnisse und darauf, dass psychische Gesundheit nur möglich ist, wenn die eigenen Bedürfnisse ausreichend erfüllt sind

In der Schematherapie spielen *Gefühle* eine ganz zentrale Rolle. Unsere Erfahrungen, die wir als Kinder mit anderen Menschen gemacht haben, haben einen sehr großen Einfluss auf unser Gefühlsleben als Erwachsene. Wenn Sie als Kind beispielsweise Zurückweisung und Beschämung erlebt haben – vielleicht hat man Sie in der Schule wegen Ihrer großen Nase gemobbt, oder Ihr Vater hat Sie immer ausgelacht, wenn Sie geweint haben –, dann werden Sie sich wahrscheinlich auch als Erwachsene leicht zurückgewiesen und beschämt fühlen, selbst wenn die anderen das eigentlich gar nicht so meinen. Aus diesem Gefühl entstehen dann letztlich weitere Probleme – vielleicht ziehen Sie sich z. B. sehr zurück und können kaum Beziehungen pflegen, oder Sie reagieren immer wieder aggressiv, obwohl das gar nicht angemessen ist.

Daher geht es in der Schematherapie darum, zunächst zu *verstehen*, welche negativen Gefühle ein Problem darstellen und woher sie kommen. Darüber hinaus ist es ganz wichtig zu verstehen, welche Folgeprobleme diese Gefühle in Ihrem heutigen Leben erzeugt haben. Und schließlich geht es darum, wie Sie Ihre Gefühle und Ihr

Handeln so *verändern* können, dass Sie damit zufriedener sind und Ihre Bedürfnisse besser erfüllen können.

**Verstehen**

Problematische Gefühle und die Zustände, die damit zusammenhängen, lassen sich gut verstehen, wenn man sich vorstellt, dass ein Mensch verschiedene innere Anteile haben kann. Diese inneren Anteile werden als »Modi« (Singular: Modus) bezeichnet. In der Schematherapie gehen wir von den folgenden Anteilen aus:

**Kindmodi.** Die meisten Menschen kennen Gefühle von Schwäche, Minderwertigkeit, Traurigkeit oder auch intensiven Ärger, Trotz oder Wut, in denen sie sich eigentlich nicht wirklich erwachsen fühlen. Diese Anteile werden in der Schematherapie als »Kindmodi« bezeichnet. Es wird davon ausgegangen, dass diese kindlichen Anteile sich nicht gut entwickeln konnten, weil bestimmte Bedürfnisse in der Kindheit nicht ausreichend erfüllt wurden.

**Elternmodi.** Viele Menschen, die starke innere Kindmodi haben, haben auch Anteile, mit denen sie sich selbst abwerten oder sich stark unter Druck setzen. Dies hat ebenfalls häufig mit der eigenen Geschichte zu tun, oft gibt es dafür »Vorbilder« (z. B. ablehnende Eltern, mobbende Klassenkameraden, Geschwister usw.). Diese inneren Anteile werden in der Schematherapie als sogenannte »Elternmodi« bezeichnet. Dabei bezieht sich der Begriff Eltern nicht nur auf Mutter und Vater, sondern auf alle möglichen Bezugspersonen, die in der Kindheit und Jugend wichtig waren.

**Bewältigungsmodi.** Es wird immer wieder deutlich, dass Menschen, wenn sie mit schwierigen Gefühlen in Kontakt kommen, verschiedenste Verhaltensmuster an den Tag legen, um diese Gefühle weniger stark zu spüren oder vor anderen zu verbergen. Dazu gehört zum Beispiel sozialer Rückzug oder der Gebrauch von Suchtmitteln wie Alkohol oder Cannabis. Dazu kann auch gehören, gerade erst recht »aufzutrumpfen«, wenn man sich eigentlich schwach fühlt. Diese inneren Anteile, die der Bewältigung von negativen Gefühlen dienen, werden als »Bewältigungsmodi« bezeichnet.

**Gesunder Erwachsenenmodus.** Selbstverständlich bestehen Menschen nicht nur aus unreifen oder unangemessenen Anteilen, sondern haben auch gesunde und gut funktionierende Anteile. Der

Anteil, dem es gelingt, sein Leben gut zu organisieren, Probleme zu lösen und Beziehungen zu pflegen, wird als »gesunder Erwachsenenmodus« bezeichnet.

**Glücklicher Kindmodus.** Menschen brauchen auch Spaß, Freude und unbeschwerte Leichtigkeit. Diese positiven, fröhlichen Gefühle werden in der Schematherapie als »glücklicher Kindmodus« bezeichnet.

Im ersten Teil des Buches werden all diese inneren Anteile beschrieben. Es soll darum gehen, sie zu verstehen. Wie und warum haben sie sich entwickelt, wie fühlen sie sich an, wann treten sie auf, mit welchen Handlungen gehen sie einher? Mit einigen Fragen können Sie jeweils überprüfen, inwieweit die Modi bei Ihnen vorliegen. Zudem werden Beispiele beschrieben, wie Sie an sich selbst und an anderen Menschen jeden dieser Modi erkennen können.

### Verändern

Im zweiten Teil des Buches geht es darum, mit welchen Strategien und Übungen Sie diese Modi verändern können. Das Ziel bei allen Veränderungen ist dabei, dass Sie sich in schwierigen Situationen so verhalten können, wie Sie es eigentlich möchten, und dass Sie lernen, Ihre Bedürfnisse besser wahrzunehmen und zu erfüllen. Dafür schlagen wir Ihnen Übungen und Veränderungen auf verschiedenen Ebenen vor:

**Kognitiv/gedanklich.** Auf der Ebene der Gedanken (auch Kognitionen genannt) ist es zunächst wichtig, möglichst viel über die verschiedenen inneren Anteile herauszufinden und realistische Veränderungspläne aufzustellen. Protokolle und Arbeitsblätter, die Sie als Online-Materialien finden, sollen Ihnen dazu Hilfestellungen geben.

**Emotional/gefühlsmäßig.** Es werden immer wieder Vorschläge gemacht, wie Sie direkt an einer Veränderung schwieriger Gefühle arbeiten können. Dabei werden häufig Imaginationsübungen vorgeschlagen. Bei diesen Übungen stellt man sich innerlich vor, in einer bestimmten Situation in einer bestimmten Weise zu handeln. Das löst weitaus stärkere Gefühle aus, als über dieselbe Situation einfach nachzudenken.

**Verhalten/Handeln.** Die Veränderung von Handlungsmustern kommt in der Regel nach der kognitiven und emotionalen Arbeit. Sie werden immer wieder Vorschläge und Beispiele finden, wie eingefahrene Handlungsmuster verändert werden können.

Natürlich ist jeder Mensch einzigartig, und seine inneren Anteile unterscheiden sich von denen anderer Menschen. Dementsprechend werden unterschiedliche Leser dieses Buch auch unterschiedlich nutzen. Vielleicht geht es Ihnen einfach nur darum, sich über diesen neuen Therapieansatz ein wenig zu informieren, oder einmal aus dieser Perspektive über sich und andere nachzudenken. Vielleicht belastet Sie auch ein starkes emotionales Problem oder Sie möchten bestimmte Handlungsmuster verändern, über die Sie sich schon lange ärgern. Dabei ersetzt dieses Buch beim Vorliegen ernsthafter psychischer Störungen allerdings auf keinen Fall eine Therapie.

Wir hoffen, dass Sie in diesem Buch eine Anregung zur Auseinandersetzung mit sich selbst und Ihren eigenen Anteilen finden. Viel Spaß bei der »Reise nach innen«!

# Teil I

# Innere Anteile kennenlernen

# 2 Kindmodi

Hin und wieder fühlt oder benimmt sich jeder Mensch wie ein Kind. In Situationen, in denen kindliches Verhalten unangemessen ist, haben wir diese Anteile jedoch meist im Griff. Diese »Zustände« werden Kindmodi genannt, weil die Art und Weise, wie man seine Umwelt und die Menschen darin wahrnimmt, der Wahrnehmung von Kindern ähnelt. So haben Kinder z. B. häufig Schwierigkeiten, sich in einen anderen Menschen hineinzuversetzen, wenn sie starke Gefühle erleben; ebenso kann es einem Erwachsenen, der sich in diesem Modus befindet, gehen. Auch in der Art, wie man auf seine Umwelt und die Menschen darin reagiert, können Kindmodi dem Verhalten von Kindern ähneln. Dies zeigt sich vor allem darin, dass es schwierig ist, das Verhalten mit dem Verstand zu steuern. Beispielsweise kann es in einem Kindmodus passieren, dass man in einem belastenden Gespräch mit einem Vorgesetzten anfängt zu weinen oder dass man aus einem Gefühl der Hilflosigkeit heraus bei einem Streit mit dem Partner die Tür zuknallt.

! Kindmodi sind dann aktiv, wenn wir sehr starke und intensive Gefühle erleben, die sich nicht allein durch die Situation, in der man sich gerade befindet, erklären lassen. Man selbst oder andere Menschen haben dann oft den Eindruck, dass die Gefühle von Traurigkeit, Wut, Scham oder Einsamkeit eigentlich übertrieben sind. Trotzdem schafft man es im Kindmodus nicht, aus diesen Gefühlen wieder herauszukommen.

Kindmodi werden in aller Regel dann ausgelöst, wenn wir uns von anderen zurückgewiesen, allein gelassen oder unter Druck gesetzt fühlen. In solchen Situationen sind für uns subjektiv menschliche Grundbedürfnisse wie Nähe, Sicherheit oder Autonomie bedroht (s. Kasten auf S. 19). Möglicherweise hat eine Freundin einen gemeinsamen Kinobesuch abgesagt, auf den Sie sich schon länger gefreut hatten, und Sie fühlen sich deshalb enttäuscht, ungeliebt und verlassen – oder auch wütend. Obwohl Sie die Gründe, aus denen Ihre Freundin abgesagt hat, eigentlich gut nachvollziehen können, und die Freundin Sie objektiv betrachtet nicht verlassen hat oder verlassen wird, werden Sie trotzdem von starken Gefühlen überwältigt, beginnen zu weinen oder verkriechen sich in Ihrem Bett. Wenn Sie so reagieren, empfinden Sie das Verhalten Ihrer Freundin als Angriff auf Ihr Grundbedürfnis nach einer sicheren Bindung an andere Menschen.

**Emotionale Grundbedürfnisse**

Bei emotionalen Grundbedürfnissen handelt es sich um grundlegende Bedürfnisse, die *jeder* Mensch hat. Sie können jedoch unterschiedlich stark ausgeprägt sein. In der Schematherapie unterscheidet man fünf Bereiche von Grundbedürfnissen (Young, 2008):

(1) *Sichere Bindung zu anderen Menschen.* Das umfasst Bedürfnisse nach Sicherheit, Stabilität, Zuwendung, Liebe und Akzeptanz durch andere.

(2) *Unabhängigkeit, Kompetenz und Identitätsgefühl.* Dies bedeutet, eine Vorstellung davon zu haben, was einen als Menschen ausmacht und was man gut kann.

(3) *Freiheit, berechtigte Bedürfnisse und Gefühle auszudrücken*

(4) *Spontaneität, Spaß und Spiel*

(5) *Realistische Grenzen.* Insbesondere für Kinder ist es wichtig, dass sie auch ihre Grenzen kennen und diese manchmal auch von außen gesetzt bekommen.

Einem psychisch gesunden Menschen fällt es leichter, sein Leben so zu gestalten, dass diese emotionalen Bedürfnisse »im Großen und Ganzen« erfüllt sind.

Je stärker die psychischen Probleme einer Person sind, umso intensiver erlebt sie häufig auch Kindmodi. Dann können schon Auslöser, die objektiv betrachtet nur Lappalien sind, sehr belastende Gefühle auslösen – etwa das Ausbleiben von Komplimenten der Kollegen, wenn jemand auf der Arbeit ein neues Kleidungsstück trägt. Wahrscheinlich fällt es den Kollegen einfach nicht auf, weil sie mit etwas anderem beschäftigt sind; aber bei der betroffenen Person kann dies das intensive Gefühl auslösen, allein und ungeliebt zu sein. Im Verlauf dieses Kapitels werden Sie erfahren, warum bei manchen Menschen der Kindmodus so schnell »anspringt«.

**Drei Arten von Kindmodi.** Es lassen sich drei Arten von Kindmodi unterscheiden. Die erste Art geht mit bedrückenden, traurigen Gefühlen wie Scham, Einsamkeit, Angst, Traurigkeit oder Bedrohung einher. Diese werden auch als *verletzliche Kindmodi* bezeichnet.

Die zweite Kategorie ist gekennzeichnet von Gefühlen wie Wut, Ärger, Impulsivität und Trotz. Das sind die *wütenden oder impulsiven Kindmodi*. Impulsivität bedeutet, dass man aus dem Moment heraus handelt, ohne an die Folgen des eigenen Handelns zu denken. So kann es z. B. sein, dass man durch eine kritische Bemerkung seines Vorgesetzten so wütend und verletzt ist, dass man auf dem Weg nach Hause besonders riskant Auto fährt.

Der dritte Kindmodus ist ein gesunder Anteil, der *glückliches Kind* genannt wird. Im glücklichen Kindmodus kann man auf unbeschwerte, neugierige Art Spiele und Erlebnisse genießen.

Wenn Sie jetzt das Gefühl haben, dass Sie sich manchmal in einem dieser Kindmodi befinden, kann es sehr hilfreich sein, dem Modus

| **Verletzliche Kindmodi** | **Wütende oder impulsive Kindmodi** | **Glücklicher Kindmodus** |
|---|---|---|
| Eigener Name:<br>------------------ | Eigener Name:<br>------------------ | Eigener Name:<br>------------------ |
| ▶ Traurigkeit<br>▶ Einsamkeit<br>▶ Verzweiflung<br>▶ Hilflosigkeit<br>▶ Scham<br>▶ Verlassenheit | ▶ Wut, Ärger, Zorn<br>▶ Impulsivität<br>▶ Trotz, »Bockigkeit«<br>▶ Mangel an Disziplin | ▶ Leichtigkeit, Beschwingtheit<br>▶ Neugierde<br>▶ Spaß, Unbeschwertheit<br>▶ Sicherheit |

einen eigenen Namen zu geben. Dies kann z. B. »kleine Lisa« für den verletzten Kindmodus sein oder »bockiger Trotzkopf« für den wütenden Kindmodus. Auf diese Weise können Sie einfacher Kontakt zu Ihrem eigenen Kindmodus aufnehmen und die Situationen besser erkennen, in denen er auftaucht.

**! Gefühle von Traurigkeit und Wut kennt jeder Mensch. Wie können Sie einschätzen, ob ein Kindmodus aktiv ist und nicht nur »ganz normale« Gefühle?**
Tatsächlich kennen alle Menschen die Gefühle, die man empfindet, wenn ein Kindmodus aktiv ist. Der entscheidende Unterschied ist, dass Kindmodi häufig durch unscheinbare Anlässe aktiviert werden und somit das Ausmaß der Gefühle, die hervorgerufen werden, unverhältnismäßig erscheint. Weiterhin ist es typisch für einen Kindmodus, dass die Person ihre Gefühle und auch ihre Reaktionen auf die Umwelt nur noch schwer kontrollieren kann.

## 2.1 Verletzliche Kindmodi

Verletzliche Kindmodi können mit unterschiedlichen Gefühlen einhergehen. Viele Menschen können recht gut angeben, welches Gefühl für sie besonders problematisch ist. Dabei ist es nicht selten, dass Menschen auch gemischte Gefühle erleben. Die folgenden Beispiele sind sicher nicht vollständig, sie können Ihnen jedoch einen Eindruck vermitteln, wonach Sie bei sich selbst suchen können. Die Fallbeispiele sollen Ihnen dabei helfen nachzuvollziehen, in welchen Situationen verletzliche Kindmodi auftauchen können.

**Verlassenheit.** Es herrscht das Gefühl vor, von anderen verlassen zu sein, oder die Befürchtung, bestimmt bald verlassen zu werden. Auch in Gesellschaft anderer, sogar nahestehender Menschen, kann Einsamkeit oder Verlassenheit erlebt werden. Menschen mit einem verletzlichen Kindmodus, die sich vorwiegend einsam oder verlassen fühlen, berichten häufig, dass sie in ihrer Kindheit oder Jugend von wichtigen Personen verlassen wurden. Möglicherweise hat der Vater die Familie verlassen, wichtige Personen sind verstorben oder der Betroffene hat als Kind in wechselnden Pflegefamilien gelebt, die ihn immer wieder abgegeben haben.

**Fallbeispiel**

Kathrin M. ist eine 34-jährige Realschullehrerin, die unter Panikattacken und einem Gefühl starker Fremdheit im eigenen Körper leidet. Solche Probleme treten besonders dann auf, wenn sie länger bei ihrer Herkunftsfamilie war und an ihren aktuellen Wohnort »zurück muss«, obwohl sie dort auch Freunde hat. In der Therapie spricht sie darüber, dass sie sich anderen Menschen kaum nahe fühlt und alle ihre Beziehungen eher unverbindlich und lose sind. Dabei wird sie auf einmal sehr traurig und bekommt das Gefühl, dass eh nie jemand wirklich bei ihr bleiben könne. Die Therapeutin meint, dass das damit zu tun haben könne, dass sie zweimal ihre Mutter verloren hätte: Die leibliche Mutter von Frau M. verstarb, als Frau M. ein zweijähriges Mädchen war. Ihre Stiefmutter, zu der sie ein sehr gutes Verhältnis hatte, starb urplötzlich an einer Hirnblutung, als Frau M. 16 Jahre alt war.

**Ausgeschlossen sein.** Manche Menschen fühlen sich vor allem nicht zugehörig und isoliert von anderen Menschen, als seien sie von der restlichen Welt abgeschnitten. Der Ursprung liegt häufig in der Erfahrung des Nicht-Dazugehörens, z. B. durch häufige Umzüge oder Zugehörigkeit zu einer ungewöhnlichen Religionsgemeinschaft. Auch ein frühes Ausgeschlossensein aus dem Familien- oder Geschwisterverbund kann schlimm und traumatisch erlebt werden. Im Leben als Erwachsener sind dann schon scheinbar unbedeutende Signale von anderen Menschen, wie z. B. eine bestimmte Sitzordnung bei einer Feier, Auslöser, die den Modus des ausgeschlossenen Kindes aktivieren.

**Fallbeispiel**

Judith P. ist in ihrer Kindheit mit ihrer Familie häufig umgezogen. Immer wieder war sie »die Neue«, gehörte nicht dazu und fühlte sich ausgeschlossen. Mittlerweile studiert sie und hat gute Freunde gefunden – wenn sich Kommilitonen verabreden, ohne sie ausdrücklich einzubeziehen, fühlt sie sich jedoch immer noch sehr leicht ausgeschlossen und nicht dazugehörig, obwohl dies objektiv betrachtet gar nicht der Fall ist.

**Misstrauen.** Misstrauen oder das Gefühl ständiger Bedrohung geht damit einher, dass man sehr empfindsam auf Anzeichen von Bedrohung reagiert oder anderen Menschen grundsätzlich misstrauisch begegnet. Man hat das Gefühl, ständig auf der Hut sein zu müssen, damit andere Menschen einem nicht schaden können. Genau wie bei den vorher beschriebenen Gefühlen liegt auch hier die Ursache für Angst vor Bedrohung in aller Regel bei bedeutsamen Erlebnissen in der Kindheit und Jugend. So kann beispielsweise bei einem Menschen, der in der Kindheit sexuell misshandelt wurde, allein das Geräusch von Schlüsseln in der Tür dazu führen, dass der Körper in Alarmbereitschaft versetzt wird. Ein anderes Beispiel dafür ist, dass eine Person, die auf dem Schulweg von Mitschülern schikaniert und gehänselt wurde, es als Erwachsener nicht ertragen kann, wenn jemand dicht hinter ihr läuft.

**Fallbeispiel**

Emilie F. ist sehr ängstlich im Dunkeln. Sie schläft generell nur bei brennendem Licht. Wenn ihr Mann nicht zu Hause ist, übernachtet sie meist bei einer Freundin. Sobald sie draußen unvertraute Geräusche hört, ist sie sofort stocksteif und erfüllt von Angst. Jeder Schatten auf der Straße führt dazu, dass sie sich verängstigt und hilflos fühlt. Als Kind hatte sie extrem unter ihrem sehr jähzornigen Vater gelitten. Wenn irgendetwas seine Stimmung gedrückt hatte, wurden Emilie und ihre Geschwister von ihm wahllos verprügelt. Ihre Mutter hatte sie nicht geschützt, sondern war selbst hilfloses Opfer seiner Gewalttätigkeit gewesen.

**Scham/Minderwertigkeit.** Wenn Scham im Vordergrund steht, besteht das Gefühl, unzulänglich, schlecht, minderwertig oder unerwünscht zu sein, als wäre man es nicht wert, von anderen Liebe, Aufmerksamkeit oder Respekt zu erhalten. Damit einher geht oft ein Gefühl tiefer Scham für die eigene Person. Die Betroffenen berichten typischerweise, in der Kindheit Opfer abwertender Äußerungen oder einer sehr demütigenden Behandlung gewesen zu sein.

**Fallbeispiel**

Sebastian E. hatte auf der Gesamtschule eine Lehrerin im Deutschunterricht, die in der Klasse einige wenige Lieblingsschüler hatte. Auf Sebastian E., der in der Pubertät aufgrund von Wachstumsschüben besonders unsicher und ungeschickt war, hatte sie sich »eingeschossen«. Wiederholt stellte sie ihn vor der versammelten Klasse bloß, wenn er sich ungeschickt verhielt. Das darauf folgende Gelächter seiner Mitschüler empfand er stets als extrem demütigend. Zwanzig Jahre später arbeitet Sebastian E. erfolgreich als IT-Berater. In einer Teamsitzung stolpert er über das Flip-Chart, woraufhin die Kollegen zu lachen beginnen. Er spürt sofort intensive Gefühle von Scham und Ausgeliefertsein in sich aufsteigen und flüchtet auf die Toilette, wo er sich minutenlang nicht beruhigen kann.

**Emotionale Entbehrung.** Menschen, bei denen eher »emotionale Entbehrung« besteht, berichten aus ihrer Kindheit typischerweise, dass »soweit alles in Ordnung war«. Irgendwie hatten sie dabei aber trotzdem nicht das Gefühl, dass sich jemand gut und liebevoll um sie kümmerte oder dass sie geborgen, aufgehoben und geliebt waren. Als Erwachsene leiden sie vielleicht gar nicht besonders, weil sie im Grunde gar nicht wissen, was sie vermissen sollten. Diese Menschen haben nicht das Gefühl, dass sie schlecht behandelt wurden. Trotzdem haben sie auch nie das Gefühl gehabt, für andere wirklich wichtig und liebenswert zu sein.

**Fallbeispiel**

Michael K., ein 38-jähriger Bankkaufmann, hat in der Regel keine Probleme, erledigt alles zur Zufriedenheit seines Vorgesetzten, führt an sich eine recht gute Ehe und hat einige Freundschaften. Dennoch hat er eigentlich in keiner Beziehung das Gefühl, anderen wirklich nahe zu sein und von diesen geliebt zu werden. Er glaubt, dass er durch seine gute Leistungsfähigkeit im Beruf und durch Engagement für Freunde und Familie versucht, Zuneigung zu bekommen. Diese bekommt er auch tatsächlich, jedoch fühlt es sich für ihn oft nicht so an. In seiner Kindheit war »eigentlich alles in Ordnung« gewesen, allerdings waren beide Eltern sehr viel beschäftigt und häufig abwesend. Er hatte immer das Gefühl gehabt, es sei für seine Eltern zu viel gewesen, sich »auch noch um die Kinder zu kümmern«.

### Woran erkenne ich verletzliche Kindmodi bei mir selbst?

Durch die Beschreibungen und die Fallbeispiele haben Sie vielleicht eine Idee davon bekommen, wie sich verletzliche Kindmodi anfühlen. Anhand der folgenden Punkte können Sie selbst überprüfen, ob bei Ihnen möglicherweise ein verletzlicher Kindmodus vorliegt. Wenn Sie den Aussagen öfter zustimmen, könnte dies ein Hinweis auf das Vorliegen eines Kindmodus sein. Wenn Sie eher selten zustimmen, gehören Sie wahrscheinlich zu den Menschen, die solche Gefühle zwar kennen, damit jedoch keine gravierenden Probleme haben.

- Ich fühle mich oft allein auf der Welt.
- Ich fühle mich schwach und hilflos.
- Ich habe das Gefühl, dass niemand mich liebt.

Stimmen Sie einer oder mehrerer dieser Aussagen zu? Falls Sie häufiger Gefühle von Traurigkeit, Verlassenheitserleben oder Angst verspüren, obwohl dafür »eigentlich« kein Grund besteht, handelt es sich vermutlich um einen verletzlichen Kindmodus. Häufig besteht ein Zusammenhang mit der eigenen Lebensgeschichte.

Wenn Sie Ihren verletzlichen Kindmodus besser verstehen möchten, kann es hilfreich sein, die folgenden Fragen sowie das Arbeitsblatt »Mein verletzlicher Kindmodus« zu beantworten:

- Was sind die typischen *Auslöser* für den verletzlichen Kindmodus? In welchen Situationen tritt er häufig auf?
- Welche *Gefühle* haben Sie typischerweise in diesem Modus?
- Welche *Gedanken* haben Sie typischerweise in diesem Modus?
- Welche *Erinnerungen oder inneren Bilder* werden ausgelöst, wenn Sie darüber nachdenken?
- Wie fühlt sich Ihr *Körper* in diesem Modus an?
- Wie *handeln* Sie typischerweise in diesem Modus, wie reagieren Sie auf andere?

Mit etwas Aufmerksamkeit wird es Ihnen mit der Zeit immer besser gelingen, diesen Modus wahrzunehmen und zu verstehen, warum er jetzt wieder auftritt. Die Punkte, die Sie hier zusammentragen, können Sie auf dem Modus-Übersichtsblatt eintragen. Sie finden es bei den Online-Materialien.

### Woran erkenne ich verletzliche Kindmodi bei anderen Menschen?

Hinweise auf einen verletzlichen Kindmodus bei einer anderen Person können sein, wenn Sie spüren, dass diese bei kleinen Anlässen »angegriffen« ist. Sie wirkt labil und ist schnell den Tränen nahe. Ein anderes Anzeichen kann sein, dass die Person sich ständig bei Ihnen bezüglich ihrer Zugehörigkeit rückversichert z. B. »Willst du ganz sicher, dass ich heute Abend auch dabei bin, wenn du dich mit deinen Freunden triffst?« Sehr gut erkennen Sie einen verletzlichen Kindmodus auch an dem typischen Denkfehler des Schwarz-Weiß-Denkens. Das bedeutet, dass die Welt in Gut und Böse eingeteilt wird. Beispielsweise denkt Ihre Freundin schon bei der kleinsten Kritik, die Sie an ihrem Verhalten in einem Partnerschaftsstreit üben, dass Sie auf der Seite ihres Partners sind.

Können Sie sich an eine Situation erinnern, in der sich ein Freund, Bekannter oder Verwandter in einem verletzlichen Kindmodus befand? Können Sie nachvollziehen, wie dieser Modus bei der Person ausgelöst wurde? Wie hat sich die Person in dem Modus verhalten? Was waren die Bedürfnisse der anderen Person in dieser Situation? Wie haben Sie selbst sich in dieser Situation gefühlt und verhalten?

Vielleicht hatten Sie Mitgefühl und konnten dies der anderen Person auch gut zeigen. Vielleicht hatten Sie aber auch Gefühle von Überforderung und Hilflosigkeit, oder Sie waren genervt, weil die Person in diesem Moment nicht für rationale Argumente oder Trost zugänglich war. Beides kann in solchen Situationen vorkommen. Wenn Sie sich an Ihre eigenen Reaktionen gut erinnern, können Sie vielleicht auch leichter verstehen, wie es anderen Personen geht, wenn Sie in einem verletzlichen Kindmodus sind.

## 2.2 Wütende und impulsive Kindmodi

Auch in diesen Kindmodi fühlt man sich oft nicht sehr erwachsen. Sie treten auf, wenn man das Gefühl hat, dass eigene Bedürfnisse nicht genug berücksichtigt werden. Im Vordergrund stehen die sogenannten → »heißen« Gefühle wie Ärger und Wut. Das eigene Verhalten in diesem Modus kann entweder offen wütend oder ärgerlich sein, aber auch bockig oder undiszipliniert. Auch verwöhntes Verhalten kann auftreten.

Wahrscheinlich haben Sie bereits gemerkt, dass auch hier wieder mehrere Gefühle und Verhaltensweisen – Wut, Ärger, Trotz, Verwöhntheit – zusammengefasst werden, da sie trotz aller Unterschiede gewisse Gemeinsamkeiten haben. Die wichtigste Gemeinsamkeit besteht darin, dass Bedürfnisse in einer übermäßigen oder unangemessenen Form ausgedrückt werden – entweder emotional sehr heftig, mit übermäßiger Wut oder zu heftigem Ärger; und/oder durch verwöhntes, trotziges oder impulsives Verhalten. Dabei ist es wichtig, dass die zugrunde liegenden Bedürfnisse normal sind und dass es auch normal ist, ärgerlich zu werden, wenn eigene Bedürfnisse nicht erfüllt werden. Lediglich das Verhalten, mit dem dies in diesen Modi zum Ausdruck kommt, ist unangemessen. Aus Gründen der Lesbarkeit werden wir zunächst den Begriff »ärgerliche Kindmodi« für all diese Gefühle verwenden. Später werden wir dann genauer auf die Unterschiede zwischen verschiedenen Facetten eingehen.

Häufig treten ärgerliche Kindmodi und die im letzten Kapitel beschriebenen verletzlichen Kindmodi gleichzeitig oder nacheinander auf. So kann es z. B. sein, dass Sie sich, weil eine Freundin Ihnen für einen Kinobesuch abgesagt hat, zunächst sehr über die Freundin ärgern. Anschließend werden Sie vielleicht traurig und spüren, dass Sie sich allein und abgelehnt fühlen. In diesem Fall wurde zunächst ein ärgerlicher Kindmodus und danach ein trauriger, zurückgewiesener Kindmodus aktiviert. Es kann auch andersherum sein – Sie fühlen sich vielleicht zunächst traurig und verlassen und bekommen dann eine »Mordswut«. Viele Menschen erleben diese »gemischten Gefühle« ganz deutlich, wenn sie der anderen Person gegenüberstehen. Diese gemischten Gefühle können sich z. B. zeigen, wenn Sie der Freundin bei der nächsten Gelegenheit sagen möchten, wie Sie sich über sie geärgert haben. Während Sie über Ihren Ärger sprechen, fangen Sie jedoch an zu weinen … auch jetzt sind wieder ärgerliche und verletzliche Kindmodi im Spiel!

Bei der Gruppe von ärgerlichen Kindmodi können verschiedene Gefühle beteiligt sein. Es ist wichtig, genau zu verstehen, welche Gefühle beim eigenen ärgerlichen oder impulsiven Kindmodus im Vordergrund stehen. Handelt es sich um blanke Wut oder doch eher um so etwas wie Trotz oder »Bockigkeit«? Fühle ich mich ungerecht behandelt und deswegen sehr verärgert? Oder bin ich eher zu verwöhnt, um Grenzen, die im Grunde für alle Menschen gelten, auch für mich zu akzeptieren? Die folgende Aufzählung von möglichen Gefühlen soll Ihnen einen Eindruck vermitteln, wie sich diese Modi zeigen. Natürlich können, wie beim verletzlichen Kindmodus, diese verschiedenen Gefühle auch gemischt auftreten.

**Ärger.** Wenn Ärger im Vordergrund steht, erlebt der Betroffene intensiven Ärger oder starke Frustration, weil emotionale Bedürfnisse (z. B. nach Verständnis oder Aufmerksamkeit) nicht erfüllt werden.

Der Ärger wird möglicherweise sehr heftig ausgedrückt, z. B. durch Forderungen oder Vorwürfe, von denen sich andere vor den Kopf gestoßen fühlen. Möglicherweise wird der Ärger auch »hinuntergeschluckt«, allerdings fühlt man ihn dann in der Regel immer noch – er dringt nur nicht so deutlich nach außen!

**Fallbeispiel**

Harald P., ein 41-jähriger Software-Ingenieur, ist in der Regel sehr beflissen, versucht es allen recht zu machen und immer ein blendendes Bild abzugeben. Gleichzeitig ist er aber auch sehr verletzlich, fühlt sich leicht zurückgewiesen und hat dann schnell das Gefühl, von allen ungerecht und unfair behandelt zu werden. In seiner Kindheit wurde er in seiner Familie sehr viel kritisiert und bekam wenig Liebe und Aufmerksamkeit, daher ist er an dieser Stelle sehr empfindlich. Dann wird er ärgerlich und anderen gegenüber sarkastisch oder schreibt grobe E-Mails, selbst wenn jemand ihm lediglich einen gut gemeinten Vorschlag machen wollte.

**Wut.** Wenn Wut im Vordergrund steht, sind die Gefühle besonders stark und der Betroffene fühlt sich möglicherweise komplett enthemmt. Es kann beim Auftreten eines wütenden Kindmodus vorkommen, dass Dinge zu Bruch gehen oder gar andere Menschen angegriffen oder verletzt werden. Das im Vordergrund stehende Gefühl ist wie bei einem zornigen Kind, das vollkommen »außer Rand und Band« geraten ist, um sich schlägt, schreit und sich heftig gegen einen (vermeintlichen) Gegner wehrt. Ärger und Wut sind sich sehr ähnlich. Der hauptsächliche Unterschied ist die Stärke des Gefühls – Wut ist noch intensiver und schwerer beherrschbar als Ärger.

**Fallbeispiel**

Alexia P. arbeitet als Pflegehelferin vor allem in der Nachtschicht, um auch für ihre Kinder sorgen zu können. Sie hat drei Kinder und ist im Grunde sowohl von ihrer anstrengenden Arbeit, als auch von der großen Familie komplett überfordert. ▶

Häufig kommt sie völlig kaputt und frustriert von der Arbeit nach Hause. Wenn sie im Flur steht und sieht, dass ihre Kinder alle Jacken und Schulsachen einfach auf den Boden geschmissen haben, wird sie oft rasend vor Wut, knallt die Haustür krachend zu und flucht laut. Ihr Mann sagt ihr häufig, sie solle gelassener sein und nicht so überreagieren. Dies nützt jedoch nichts, bei der nächsten Kleinigkeit ist Alexia schon wieder »auf 180«.

In ihrer Kindheit war Alexia viel allein, ihre Mutter hat immer viel gearbeitet, der Vater war schwerer Alkoholiker und kümmerte sich um fast nichts, dafür hatte er aber häufig Wutausbrüche, v. a. wenn er alkoholisiert war. Alexia, ein intelligentes und aufgewecktes Kind, lernte früh, selbstständig ihr Leben zu meistern – allerdings oft mit einer großen Wut über die Ungerechtigkeit, dass es ihr so schwer gemacht wurde.

**Trotz.** Trotz oder »Bockigkeit« bedeutet, dass man Ärger verspürt, diesen aber nicht direkt ausdrückt. Andere Menschen nehmen diesen Ärger trotzdem deutlich wahr, weil die Person sich »bockig« zurückzieht und andere in eher passiver Art ihren Ärger spüren lässt. Der Ärger, der in diesem Kindmodus verspürt wird, hängt häufig damit zusammen, dass man das Gefühl hat, andere Menschen würden die eigene Autonomie und Selbstständigkeit nicht anerkennen (z. B. »Mich fragt natürlich mal wieder keiner …«). Bei deutlich ärgerlichen Kindmodi steht oft eher das Gefühl im Vordergrund, sehr ungerecht behandelt zu werden.

**Impulsivität.** Impulsives Verhalten bedeutet, dass eigene Bedürfnisse befriedigt werden, ohne dass dabei Rücksicht auf andere Personen oder auf mögliche negative Konsequenzen für sich selbst genommen wird. Man schafft es beispielsweise nicht, darauf zu verzichten, sich etwas zu kaufen, was man gerade haben will, obwohl man es nicht unbedingt benötigt und das Konto bereits in den roten Zahlen ist. Andere impulsive Handlungen können auch mit Drogenkonsum, ungeplantem und/oder ungeschütztem Sex, Essanfällen oder Ähnlichem einhergehen. Gemeinsam ist diesen Verhaltensweisen die »ungebremste« Bedürfnisbefriedigung. Ein Beobachter würde möglicherweise den Kopf schütteln und das Verhalten für unnötig und unangemessen halten. Man selbst könnte sich später, mit etwas zeitlichem Abstand, »in den Hintern beißen« dafür, dass man so impulsiv gehandelt hat. Beim impulsiven Kindmodus steht am ehesten der Drang, etwas unbedingt haben oder tun zu wollen, im Vordergrund.

**Fallbeispiel**

Mona K. ist 21 Jahre alt und hat kürzlich mit dem Studium begonnen. Sie genießt das Studentenleben. Insbesondere geht sie viel auf Partys, wo sie oft viel trinkt, und dann immer wieder mit neuen Bekanntschaften im Bett landet. Wenn sie wieder nüchtern ist, ist sie oft über sich selbst erschrocken, weil sie sich manchmal auch nicht vor Krankheiten oder Schwangerschaft schützt. Aber bei der nächsten Party will sie einfach feiern und ihren Spaß haben und kümmert sich nicht um irgendwelche Bedenken. Jedoch wird es mit der Zeit wirklich problematisch, weil Mona kaum noch zur Universität geht und auch immer wieder mehr Geld ausgibt, als sie sich eigentlich leisten kann. Mona ist in einer relativ chaotischen Familie aufgewachsen, in der ihre Eltern ihr wenig Grenzen setzten, weil sie der Ansicht waren, dass Kinder und Jugendliche ruhig alles ausprobieren sollten. Außerdem waren sie viel außer Haus, sodass Mona teilweise von ihrer älteren Schwester, die einen ähnlichen Lebensstil hat, aufgezogen wurde.

**Verwöhntheit.** Verwöhntheit und Impulsivität können sich stark überlappen. Im Unterschied zu starker Impulsivität, über die man selbst hinterher den Kopf schüttelt, halten es Menschen, die einen stark verwöhnten Kindmodus haben, für normal, dass sie nicht die gleichen Pflichten haben wie andere. Häufig wurden sie tatsächlich in ihrer Kindheit sehr verwöhnt. Ein verwöhnter Kindmodus geht nicht unbedingt mit starken Gefühlen einher. Am ehesten sind die Betroffenen beleidigt, wenn andere ihre Forderungen nicht tolerieren und ihnen Grenzen setzen.

**Fallbeispiel**

Manuel P. führt eigentlich eine gute Beziehung zu seiner Freundin Marina, die sehr verständnisvoll ist und sich freut, wenn Manuel glücklich ist und auch eigenen Interessen nachgeht. Im Gegenzug erwartet sie selbstverständlich auch, dass er mit ihr gemeinsam den Haushalt führt und jeder sich um einen Teil der Arbeit kümmert. Allerdings kommt es immer wieder vor, dass er sich nicht um Pflichten kümmert, die ihm eigentlich zufallen, z. B. die längst fällige Reparatur der Waschmaschine. Wenn Marina ihn darauf hinweist, wird er sehr abweisend, zieht sich zurück, spielt Computer und redet mehrere Stunden nicht mehr mit ihr. Er ist dann praktisch nicht ansprechbar, wirkt sehr trotzig und Marina kann weder über dieses trotzige Verhalten noch über die Waschmaschine mit ihm reden.

Marina versteht dies etwas besser, als sie Manuels Mutter kennenlernt. Diese verwöhnt ihn seit seiner Kindheit, liest ihrem Sohn alle Wünsche von den Augen ab und fordert keinerlei Pflichten und Rücksichtnahme von ihm. Auf der anderen Seite mischt sie sich auch ungefragt in seine privaten Angelegenheiten ein. Es ist verständlich, dass Manuel dadurch diese trotzigen und verwöhnten Züge hat.

**Undiszipliniertheit.** Hier besteht das spezielle Problem, dass der Betroffene Dinge nicht durchhält, wenn sie langweilig oder lästig sind. Es ist für ihn äußerst schwierig, alltägliche und normale Pflichten zu erfüllen. Dadurch bleiben unter Umständen wichtige Dinge liegen und der Betroffene kann bestimmte Ziele in seinem Leben nicht verwirklichen. Nicht immer sind dabei Menschen mit wenig Disziplin auch extrem verwöhnt in dem Sinne, dass sie andere für sich »springen lassen« – das kann jedoch durchaus auch vorkommen. Natürlich fällt es fast jedem von uns ab und an schwer, lästige Dinge zu erledigen … Bei Menschen mit starkem undisziplinierten Kindmodus ist dies jedoch ein chronisches und stark ausgeprägtes Problem. Sie haben niemals gelernt, die Frustration auszuhalten, die mit langweiligen Aufgaben einhergeht. Manchmal wird in diesem

Zusammenhang auch von »Aufschieberitis« (wissenschaftlicher Begriff: Prokrastination) gesprochen.

**Fallbeispiel**

Manuel P. (s. Fallbeispiel »Verwöhntheit«) fällt es auch schwer, langweilige Tätigkeiten, die beispielsweise für sein berufliches Weiterkommen wichtig sind, durchzuhalten. Dazu gehört vor allem das Lernen für das Studium, und ganz besonders das Schreiben der Diplomarbeit. Auch wenn er sich vornimmt, an einem Nachmittag ganz sicher für die Diplomarbeit zu arbeiten, endet er doch meist wieder vor dem PC, im Internet oder vor dem Fernseher ... Seine Freundin Marina hat schon öfter gesagt, dass es für ihn vielleicht gar nicht gut war, dass ihm die Schule immer sehr leicht gefallen ist. Dadurch hat er auch in der Schule nicht gelernt, Dinge diszipliniert durchzuhalten und Verantwortung dafür zu übernehmen.

### Woran erkenne ich ärgerliche oder impulsive Kindmodi bei mir selbst?

Zunächst ist es wichtig, dass nicht jeder Ärger und jede impulsive Handlung gleich als schwerer Modus angesehen werden darf. Ärger ist ein normales Gefühl, und jeder Mensch wird hin und wieder ärgerlich. Es ist sogar ein Problem, wenn man niemals Ärger spürt! Es gibt viele Gründe, zu Recht ärgerlich zu sein, und die allermeisten Menschen kennen es, dass einem bestimmte notwendige Dinge einfach so lästig und zuwider sind, dass man sie viel länger aufschiebt, als eigentlich gut wäre. Darüber hinaus sind die meisten Menschen z. B. etwas reizbarer, wenn sie müde oder hungrig sind – auch dies ist nicht zwingend ein ärgerlicher Kindmodus.

Von einem Kindmodus aus dem ärgerlich-impulsiven Spektrum sprechen wir erst dann, wenn solche Reaktionsweisen häufig vorkommen und immer wieder auch zu Problemen führen wie beispielsweise, dass der wütende Kindmodus die Arbeitsstelle oder die Partnerschaft gefährdet, weil das Umfeld kein Verständnis für die scheinbar übertriebenen Reaktionen hat. Mit den folgenden Aussagen können Sie feststellen, ob dies auf Sie zutrifft. Beachten Sie allerdings, dass Fragebögen mit solchen Sätzen nie »die ganze Wahrheit« erfassen – auch Ihre eigene Einschätzung ist wichtig!

- Wenn ich erst mal wütend bin, kann ich mich nicht mehr kontrollieren und verliere die Beherrschung.
- Ich tue, was ich will, ungeachtet der Gefühle und Bedürfnisse anderer Menschen.
- Ich verletze Regeln und bereue es hinterher.
- Ich habe das Gefühl, dass ich mich nicht an die gleichen Regeln halten muss wie andere.

In Abschnitt 2.1 (Verletzliche Kindmodi) ging es immer wieder darum, dass man sich in diesen Modi traurig, schwach, einsam oder minderwertig fühlt. Das heißt, das Erleben in diesen verletzlichen Modi ist in der Regel negativ und kann sehr unangenehm sein. In wütenden und impulsiven Kindmodi jedoch kann man sich auch stark und mächtig fühlen oder das Gefühl haben, »endlich einmal auf die Pauke zu hauen« und anderen Menschen Grenzen zu setzen. Allerdings schämt man sich möglicherweise hinterher dafür oder empfindet vor oder nach einem Ausbruch von Wut auch Traurigkeit und Verlassenheit.

Besonders bei verwöhnten oder impulsiven Kindmodi sind die Gefühle oft nicht sehr intensiv. Da es hier auch darum geht, sich einfach zu nehmen oder zu gönnen, worauf man Lust hat (oder etwas nicht zu tun, worauf man keine Lust hat …), wie Kinder dies auch gerne tun, fühlt man sich in diesem Modus oft recht gut. Allerdings bekommt man in der Regel bei diesen Kindmodi mit der Zeit andere Probleme – etwa Schulden auf der Bank, Ärger mit dem Partner und schlechte Noten im Studium … (s. Kasten »Problemverhalten« und Eintrag im Glossar).

Andere Menschen finden möglicherweise einen wütenden oder impulsiven Kindmodus problematischer als der Betroffene selbst. Einen Hinweis darauf hätten Sie, wenn z. B. andere Menschen Ihnen sagen, dass sie Ihr Verhalten nicht in Ordnung finden, dass Sie zu verwöhnt sind, dass Sie mit Ihrem Trotz nerven oder es mit dem Nörgeln übertreiben. Besonders alarmiert sollten Sie sein, falls Sie dies schon von verschiedenen Personen in ähnlicher Weise gehört haben – dann ist wahrscheinlich etwas dran!

**Problemverhalten**

In der Psychologie spricht man dann von *Problemverhalten*, wenn ein bestimmtes Verhaltensmuster kurzfristig angenehm ist, aber langfristig zu Problemen führt. Umgekehrt ist in der Regel das »gesündere« Verhalten kurzfristig unangenehm oder anstrengend und zahlt sich erst langfristig aus.

Beispiele für Problemverhaltensweisen:

- Rauchen: Kurzfristig ist es genussvoll, langfristig potenziell tödlich. Das Alternativverhalten »Rauchen aufhören«: kurzfristig extrem schwierig, langfristig rettet es die Gesundheit.
- Zu viel essen: Kurzfristig schmeckt es, langfristig kommen Figur- und ggfs. Gesundheitsprobleme. Das Alternativverhalten »vernünftig essen und Sport treiben« ist kurzfristig oft sehr schwer durchzuhalten, zahlt sich aber langfristig aus.

Versuchen Sie, das für die folgenden Problemverhaltensweisen zu durchdenken: »Aufschieben der Steuererklärung«, »Nicht zum Zahnarzt gehen«, …

Impulsive, verwöhnte, undisziplinierte Kindmodi zeigen häufig typische Problemverhaltensweisen. Das heißt, kurzfristig, in der jeweiligen Situation, fühlt sich alles recht gut an. Die Probleme kommen erst auf längere Sicht dazu.

Auch bei dieser Art von Kindmodi ist es wichtig zu verstehen, wodurch sie ausgelöst werden, wie sie sich anfühlen und wo sie in der Kindheit ihren Ursprung haben. Dafür sind folgende Fragen relevant:

- Was sind typische Auslöser für Ihren wütenden oder impulsiven Kindmodus? In welchen Situationen tritt er auf?
- Welche Gefühle stehen vor allem im Vordergrund? Handelt es sich um Frust, Ärger, Wut oder eher um Trotz? Fühlen Sie sich stark oder fühlen Sie sich eher schwach?
- Folgt einem wütenden Kindmodus häufig auch ein trauriger Kindmodus oder gehen beide miteinander einher?
- Welche Gedanken haben Sie typischerweise in diesem Modus? Häufig erlebt man sich ungerecht behandelt – worin besteht dann die Ungerechtigkeit?

- Welche Erinnerungen und inneren Bilder sind beteiligt oder werden ausgelöst, wenn Sie darüber nachdenken?
- Wie verhalten Sie sich typischerweise in diesem Modus? Wie reagieren Sie auf andere und wie reagieren andere auf Sie? Woran erinnert Sie das, z. B. an Personen oder Situationen aus Ihrer Kindheit?

Das Arbeitsblatt »Mein ärgerlicher/impulsiver Kindmodus« (in den Online-Materialien) kann Ihnen helfen, sich über diesen Modus klar zu werden. Vielleicht wird Ihnen der Ursprung dieses Modus in der Vergangenheit auch deutlicher.

#### Woran erkenne ich wütende oder impulsive Kindmodi bei anderen Menschen?

Wütende oder ärgerliche Kindmodi erkennen Sie vor allem – logischerweise – an Wut oder Ärger. Wichtig ist dabei, dass die Wut oder der Ärger der anderen Person Ihnen übertrieben erscheint. Möglicherweise verstehen Sie, dass die Person frustriert ist oder sich ärgert, jedoch übersteigen das Ausmaß und der Ausdruck des Ärgers ein Maß, das Ihnen angemessen erscheint. Dies kann einerseits so aussehen, dass sich jemand über eine relative Bagatelle extrem aufregt. Andererseits kann es auch sein, dass eine Person immer und immer wieder mit Wut und Ärger über dieselbe Situation berichtet und sich kaum beruhigen lässt. Sie als Gegenüber denken: »Darüber sollte er doch wirklich hinwegkommen, es bringt doch nichts, sich darüber immer noch aufzuregen.« Wenn Sie dies äußern, macht Ihr Gegenüber Ihnen jedoch z. B. Vorwürfe oder fängt an zu weinen.

Die Kindmodi, die eher impulsiv, verwöhnt, trotzig oder undiszipliniert sind, erkennen Sie auch genau an diesen Verhaltensweisen. Sie ärgern sich möglicherweise über den anderen, weil er sich so selbstverständlich »bedienen lässt«. Oder Sie finden es unmöglich, wie trotzig und bockig Ihr Partner reagiert, obwohl ein Problem doch einfach sachlich besprochen werden sollte. Wenn Sie Gedanken haben wie »Das ist doch kindisch« oder »Das ist doch wirklich nicht erwachsen«, sind in der Regel Kindmodi im Spiel. Wenn eine andere Person in einem verletzlichen Kindmodus ist, verspüren die meisten Menschen in der Regel zunächst eher Mitleid. Wenn jemand anderes in einem wütenden oder impulsiven Kindmodus ist, kann es jedoch vorkommen, dass Sie sich rasch genervt oder frustriert fühlen, weil Sie versuchen, sich vernünftig zu verhalten, der andere jedoch bei seinem ärgerlichen oder unangemessenen Verhalten bleibt.

Es kann sinnvoll sein, sich einige der folgenden Fragen zu stellen, um den Modus bei der anderen Person besser zu verstehen. Natürlich ist es auch sinnvoll, diese Fragen mit der betreffenden Person direkt zu besprechen, v. a. wenn sie Ihnen nahesteht, wie Ihr Partner oder ein guter Freund. Allerdings besprechen Sie dies besser, wenn er oder sie einmal im gesunden Erwachsenenmodus ist (s. Kap. 5).

- Können Sie nachvollziehen, wie dieser Modus bei der Person ausgelöst wurde?
- Was denken Sie, was die Person »eigentlich braucht«? Oft ist der Ausdruck von Wut z. B. damit gekoppelt, dass sich die Person ausgegrenzt fühlt und »eigentlich« Kontakt und Zuwendung bräuchte.
- Wie reagieren Sie selbst gegenüber diesem Modus? Wie sind Ihre eigenen Reaktionen und Gefühle in diesem Moment?
- Inwieweit passen die »eigentlichen« Bedürfnisse der Person mit dem wütenden Kindmodus und der Reaktion in der Umwelt zusammen? Schafft es die Person, dass ihre Bedürfnisse tatsächlich erfüllt werden?
- Insbesondere bei verwöhnten oder undisziplinierten Kindmodi: Was glauben Sie, woher kommt dieser Modus bei dieser Person? Sind möglicherweise Eltern oder andere wichtige Personen ebenfalls verwöhnt und impulsiv, oder wurde die Person beispielsweise als Kind oder Jugendlicher wenig gefordert?
- Insbesondere bei ärgerlichen oder wütenden Kindmodi: Was denken Sie, woher kommt dieser Modus? Waren Bezugspersonen ebenfalls ärgerlich oder aggressiv? Oder hat die Person möglicherweise oft schlechte Behandlung oder starke Ungerechtigkeit erlebt?

Wenn eine Person in einem wütenden oder impulsiven Kindmodus ist, kann man sich als Gegenüber einerseits ebenfalls verärgert oder frustriert fühlen und dies möglicherweise dem Gegenüber auch zeigen. Umgekehrt kann es jedoch auch vorkommen, dass man sich selbst macht- und hilflos fühlt und das Gefühl hat, dem Ärger oder der Verwöhntheit des anderen ausgeliefert zu sein.

## 2.3 Der glückliche Kindmodus

Wenn Sie einen starken glücklichen Kindmodus besitzen, können Sie sich wirklich zu den Glückskindern zählen! Der Modus des glücklichen Kindes geht einher mit Spaß, Freude, Ungezwungenheit, Beschwingtheit und Leichtigkeit. Im glücklichen Kindmodus beschäftigen wir uns mit lustigen und angenehmen Sachen, beispielsweise Spielen, spielerischen sportlichen Aktivitäten, wir haben Spaß im Freizeitpark, im Zirkus oder im Kino, Gaudi beim Verkleiden für die Fastnacht oder einfach beim Kartenspiel mit Freunden. Im glücklichen Kindmodus fühlen wir uns auch mit anderen Menschen vertraut und verbunden, und wir haben das Gefühl, dass wir nicht allein sind.

Ein starker glücklicher Kindmodus kann ein guter Schutz vor psychischen Problemen sein. Denn meistens verhalten sich die bisher geschilderten verletzlichen und ärgerlichen Kindmodi gerade entgegengesetzt zum glücklichen Kindmodus. Das heißt, wer einen stark verletzlichen Kindmodus hat, hat oft nur einen schwachen glücklichen Kindmodus und umgekehrt.

Das bedeutet, dass es für die meisten Menschen, die dieses Buch lesen, wahrscheinlich ein wichtiges Ziel sein sollte, ihren glücklichen Kindmodus zu stärken und aufzubauen. Dann kann dieser mit der Zeit den wütenden oder verletzten Kindmodus ersetzen. Dabei gilt selbstverständlich, dass eine gesunde Balance angestrebt werden sollte. Es kann nicht das Ziel sein, ununterbrochen im glücklichen Kindmodus zu sein! Tatsächlich sind Menschen ohne größere psychische Probleme die meiste Zeit in ihrem gesunden Erwachsenenmodus (s. Kap. 5). Wichtig ist aber, dass Sie, wenn Sie sich erschöpft, überlastet oder sonst irgendwie »spaß- oder erholungsbedürftig« fühlen, auf Aktivitäten zurückgreifen können, die Sie in den glücklichen Kindmodus bringen. Dadurch lässt sich Stress ausgleichen oder ein Gegengewicht zu frustrierenden Situationen schaffen, wie sie beispielsweise im Beruf oder in Beziehungen auftreten können.

**Fallbeispiel**

**Beispiel 1**

Anne R. ist als Chemikerin in der Forschung tätig und kümmert sich zusammen mit ihrem Mann um die drei gemeinsamen Kinder. Dadurch hat sie einen sehr straffen Zeitplan und arbeitet oft bis in die Nacht. Zum Glück hat Anne R. aber einige Aktivitäten, die sie leicht in den glücklichen Kindmodus bringen. Dazu gehört ihre Doppelkopfrunde, bei der sie oft ausgelassen mit ihren Freundinnen herumalbert. Am Wochenende geht sie gern mit ihren Kindern in den Vergnügungspark, um sich mit Achterbahnen und bunten Shows zu vergnügen. In diesen Situationen spürt sie die Belastungen und die Verantwortung, die sie täglich trägt, fast gar nicht.

Ohne einen glücklichen Kindmodus wäre sie vermutlich stark gefährdet, psychische Probleme wie z. B. → Burnout zu entwickeln. Wenn sie etwa einen starken strafenden Elternmodus hätte (s. Abschn. 3.3), könnte sie es sich nicht zugestehen, solche spaßigen Dinge zu unternehmen. Dann würde ihr der Ausgleich völlig fehlen und sie wäre sehr gefährdet, in eine psychische »Abwärtsspirale« zu gelangen.

**Beispiel 2**

Markus G. hat ursprünglich eine Erzieherausbildung absolviert und dann Sozialpädagogik studiert. Daneben arbeitet er seit seiner Jugend in verschiedenen Hobby-Zirkusprojekten mit und hat gemeinsam mit Freunden viele akrobatische Tricks und Varieténummern eingeübt. Er hat den glücklichen Kindmodus zu seinem Beruf gemacht und tritt mit einer Gruppe von Freunden im Sommer als Gaukler und Artist auf Festen und in Varietétheatern auf. Am liebsten mag er spontane Straßenauftritte. Zum Glück ist seine Frau als Lehrerin verbeamtet, sodass die finanzielle Unsicherheit, die mit seiner Arbeit verbunden ist, für Markus nicht bedrohlich ist. Er weiß auch, dass er irgendwann wahrscheinlich etwas anderes machen möchte und sich dann einen anderen Job suchen muss.

►

**Beispiel 3**

Rosemarie L. ist eine 60-jährige Sonderpädagogin, die alleinstehend ist und keine Kinder hat. Da sie Kinder jedoch sehr liebt, ist sie oft und eng im Kontakt mit ihren vielen Nichten und Neffen sowie den Kindern von Freunden und Freundinnen. Ferien bei Rosemarie sind für die Kinder das Höchste, da sie mit ihnen immer in den Spielzeugladen geht und schöne Unternehmungen macht. Dabei hat Rosemarie selbst viel Spaß, baut nach dem Spielzeugladenbesuch mit großer Freude mit ihren Schützlingen zusammen die neu erworbenen Spielzeuge auf oder kann sich immer wieder mit den Kindern über deren Entdeckungen in Tierparks und auf Wanderungen freuen.

### Woran erkenne ich den glücklichen Kindmodus bei mir selbst?

Vermutlich ist es für Sie recht leicht, Ihren glücklichen Kindmodus zu identifizieren. Sie fühlen sich dann glücklich, leicht, beschwingt, lachen viel und haben das Gefühl, dass die Welt im Großen und Ganzen in Ordnung ist. Sie können andere mitreißen, in solchen Situationen sind Neid oder Eifersucht weit entfernt. Die Welt und das Leben leuchten in bunten und freundlichen Farben. Die folgenden Fragen gehören zu diesem Modus:

- Ich fühle mich geliebt und akzeptiert
- Ich bin zufrieden und entspannt
- Ich vertraue den meisten anderen Menschen
- Ich bin spontan und verspielt

Da viele Menschen finden, dass sie zu wenig im glücklichen Kindmodus sind, ist es wichtig, sich folgende Fragen zu stellen:

- Welche Aktivitäten, Situationen oder Personen bringen Sie in den glücklichen Kindmodus?
- Wann waren Sie zum letzten Mal im glücklichen Kindmodus? Denken Sie über die letzten Wochen nach und forschen Sie, wann Sie sich besonders glücklich, heiter und leicht gefühlt haben.
- Was gehört zu Ihrem glücklichen Kindmodus? Was ist besonders wichtig? Sind es bestimmte Menschen, bestimmte Aktivitäten oder eher situative Voraussetzungen (zum Beispiel Wochenende, gutes Wetter)?

- Gibt es Dinge, die es Ihnen erleichtern, in Ihren glücklichen Kindmodus zu kommen? Viele Menschen fühlen sich zum Beispiel nach Ausdauertraining eher leichter und es gelingt ihnen dann besser, sich völlig zu entspannen oder sich spielerischen Aktivitäten hinzugeben.

Nutzen Sie das Arbeitsblatt »Mein glücklicher Kindmodus« in den Online-Materialien, um Ihren glücklichen Kindmodus besser kennen zu lernen. Bedenken Sie dabei, dass das Leben selten perfekt ist! Selbst wenn Sie glauben, dass Sie nie in einem starken glücklichen Kindmodus sind, gibt es ganz sicher bestimmte Dinge, die Sie etwas näher dahin bringen. Es geht hier vor allem darum, zunächst die bestehenden Möglichkeiten im eigenen Leben auszuloten, und diese dann Schritt für Schritt zu erweitern und zu verstärken. Was Sie hier über Ihren glücklichen Kindmodus herausfinden, können Sie wieder auf dem Modus-Übersichtsblatt ergänzen, das Sie bei den Online-Materialien finden.

**Woran erkenne ich glückliche Kindmodi bei anderen Menschen?**
Auch dies ist in der Regel ziemlich einfach. Wenn Sie andere als mitreißend und fröhlich erleben, wenn Sie das Gefühl haben, in der Gegenwart anderer viel zu lachen, dann haben diese vermutlich einen starken glücklichen Kindmodus. Beim verletzlichen oder wütenden Kindmodus gilt oft die Regel, dass diese Modi andere Personen mit der Zeit belasten oder abschrecken, sodass ein Teufelskreis entsteht. Im glücklichen Kindmodus ist es gerade umgekehrt. Wer viel im glücklichen Kindmodus ist, verströmt auch in seiner Umgebung Heiterkeit und Gelöstheit. Andere Menschen spüren das und erleben die Nähe dieser Person als angenehm. Das heißt, hier ist das Gegenteil von einem Teufelskreis in Gange, im Sinne von »Geteilte Freude ist doppelte Freude«. Wer viel lacht und viel im glücklichen Kindmodus ist, wird auch andere Menschen mitreißen und dadurch letztlich beliebt sein und sich besser mit anderen Menschen zusammen aufgehoben fühlen. Dies führt natürlich langfristig dazu, dass er sich psychisch stabiler fühlt und womöglich noch mehr glücklichen Kindmodus erleben darf.

**Fallbeispiel**

Kerstin U. ist eine Frau, der es in beneidenswerter Weise gelingt, den glücklichen Kindmodus in ihrem Leben zu kultivieren. Sie arbeitet als Managementtrainerin und Gruppentherapeutin und ist in ihrem Beruf sehr erfolgreich. Dennoch nimmt sie sich auch sehr viel Zeit für gemeinsame Aktivitäten mit ihrer Tochter, wie Sport, Spiele und Kindertheater. Sie strahlt eine ansteckende Fröhlichkeit aus, die schnell auch die Menschen in ihrer Umgebung erfasst. Sehr markant ist dabei ihr unglaublich ansteckendes Lachen. Wenn Kerstin mit einer Gruppe von Freunden und Kollegen abends unterwegs ist, ist die Stimmung immer viel lustiger als ohne sie. Das führt auch dazu, dass andere sie sehr gern dabei haben und sie häufig zu sozialen Aktivitäten und Festen aller Art einladen. Auch Arbeitskollegen schätzen die Zusammenarbeit mit ihr und schlagen ihr häufig Kooperationsprojekte vor, weil die Stimmung mit ihr immer so gut ist.

# 3 Dysfunktionale Elternmodi

In diesem Kapitel werden eigene innere Anteile beschrieben, von denen man sich stark unter Druck gesetzt, abgelehnt oder sogar gehasst fühlt. Dies kann z. B. wie eine innere Stimme sein, die Ihnen immer wieder sagt, dass Sie nicht klug oder attraktiv genug sind, um Ihre Ziele zu verwirklichen. Auch dies hat meist seinen Ursprung in Kindheit und Jugend – niemand lehnt sich von Geburt an selbst ab! Meist haben andere Menschen diesem Kind in irgendeiner Form vermittelt, dass es nicht liebenswert oder nicht gut genug ist. Um den Ursprung in den frühen Botschaften von anderen Menschen zu verdeutlichen, werden diese Anteile als »dysfunktionale Elternmodi« bezeichnet. »Dysfunktional« bedeutet dabei soviel wie »schädlich« oder »nicht hilfreich«.

Dabei ist der Name leider ein wenig irreführend, weil er so klingt, als ob immer die eigenen Eltern daran schuld seien, wenn man sich nicht gut annehmen kann. Bei vielen Menschen ist es auch tatsächlich so, dass die Eltern eine wichtige Rolle für diesen Modus gespielt haben. Dabei war es in der Regel aber nicht das gesamte Verhalten der Eltern, das das Problem verursacht hat, sondern eher bestimmte Anteile davon. Möglicherweise haben z. B. Ihre Eltern Sie sehr geliebt und konnten das in manchen Situationen auch zeigen, waren aber gleichzeitig so perfektionistisch mit bestimmten Dingen, dass sich dieser Perfektionismus als »fordernder Elternmodus« bei Ihnen abgesetzt hat.

Allerdings sind es häufig auch andere Menschen, die tiefe innere Verletzungen verursacht haben, die sich später als »strafende Elternmodi« zeigen. So kommt es beispielsweise häufig vor, dass Kinder oder Jugendliche in der Schule durch ihre Klassenkameraden gemobbt werden und dadurch ihr ganzes Leben lang unter einem extremen Gefühl von Ablehnung leiden. Innerhalb von Familien kommt es auch vor, dass andere Personen als die Eltern, etwa Großeltern oder Onkel bzw. Tanten Kindern das Gefühl vermitteln, »ungenügend« oder »schlecht« zu sein, indem sie sie kritisieren, einfach links liegen lassen oder sogar misshandeln. Geschwister können ebenfalls ein Quell von Ablehnung und gemeinem Umgang sein.

Wir haben uns dennoch entschlossen, weiterhin mit dem Begriff »dysfunktionaler Elternmodus« zu arbeiten, obwohl nicht zwingend die Eltern beteiligt waren, weil doch häufig ein Teil des elterlichen Verhaltens das Problem mit begünstigt hat, und auch weil dieser Begriff mittlerweile in der Schematherapie weltweit üblich ist. Das hängt auch damit zusammen, dass der englische Begriff »parent« in der Regel mit »Elternteil« übersetzt wird. Tatsächlich kann er sich jedoch auch auf andere Menschen beziehen, die eine elternartige Funktion hatten. Dazu gehören etwa Lehrer oder andere Vorbildspersonen.

Im folgenden Kasten finden Sie einige Beispiele zu dysfunktionalen Elternmodi. Bei den vorgestellten Personen wird zwischen *fordernden* und *strafenden* Elternmodi unterschieden. Vielleicht haben Sie aufgrund dieser Bezeichnung schon eine Ahnung, wie diese beiden Modi sich unterscheiden.

**Fallbeispiel**

**Beispiel 1**

Wenn Miriam P. mit ihrer Freundin Streit hat, straft diese sie manchmal ab, indem sie den ganzen Tag nicht mehr mit ihr redet und stur an ihr vorbeischaut. Miriam fühlt sich dann immer entsetzlich – sie fühlt sich allein gelassen und ungeliebt (= *verletzlicher Kindmodus*). Gleichzeitig wirft sie sich vor, ein egoistischer Mensch zu sein und fühlt sich unter großem Druck, es ihrer Freundin Recht zu machen, obwohl sie ihre eigene Position in dem Konflikt eigentlich richtig findet (= *emotional fordernder Elternmodus*). Das Verhalten ihrer Freundin erinnert Miriam stark an ihre eigene Mutter, die sie ebenfalls mit Liebesentzug bestraft hatte und ihr dadurch starke Schuldgefühle vermittelte, wenn Miriam es ihr nicht Recht gemacht hatte. Vermutlich ist sie deshalb auch so empfindlich dafür.

**Beispiel 2**

Andrea F. ist als Kind in einem Nonneninternat schwer und sadistisch bestraft worden. Unter anderem durfte sie als Strafe ▶

nicht an Mahlzeiten teilnehmen, wenn sie den Nonnen widersprochen hatte. Jahre später, als junge Frau, schafft es Andrea überhaupt nicht, anderen Menschen zu widersprechen, selbst wenn diese nicht im Recht sind. Zu stark sind die Gefühle von Scham und Selbsthass, die dann auftreten. Außerdem kann sie gutes Essen nicht genießen. Wenn sie eingeladen wird und dort etwas Leckeres isst, spürt sie Gefühle von Selbsthass und Scham aufkommen. Vorherrschend sind das Gefühl und der Gedanke, das gute Essen nicht verdient zu haben. Dieses Verbot »Du bist zu schlecht, um leckeres Essen zu bekommen« ist ein sehr starker *strafender Elternmodus*. Das Gefühl von Scham gehört zum verletzlichen Kindmodus, da Andrea von den Nonnen auch bloßgestellt worden war.

**Beispiel 3**

Martin L. war in der Schule, im Studium und im Beruf immer und überall gut. Seine Leistungen wurden von Eltern und Lehrern gelobt und irgendwann völlig selbstverständlich erwartet. Heute ist er 38 und würde eigentlich gerne mehr Zeit mit seiner Freundin verbringen. Allerdings schafft er es kaum, sich vom Schreibtisch loszureißen. Solange noch Arbeit da liegt, fühlt er sich unter Druck, diese zuerst zu erledigen. Wenn er trotzdem geht, denkt er die ganze Zeit darüber nach und kann sich kaum auf Vergnügen und Entspannung einlassen. Diese immerwährende Stimme in seinem Kopf »Du musst noch dies und jenes machen; bevor du Feierabend machst, kannst du doch noch xyz erledigen; erst die Arbeit, dann ist immer noch genug Zeit für Vergnügen, …« lässt sich als *fordernder Elternmodus* verstehen, bei dem es vor allem um Leistung geht.

Dysfunktionale Elternmodi und insbesondere verletzliche Kindmodi (manchmal auch ärgerliche Kindmodi) treten häufig (aber nicht immer) gemeinsam auf. Dabei ist es oft so, dass irgendein Ereignis, beispielsweise Kritik durch eine Freundin oder Zurückweisung durch einen Arbeitskollegen, zunächst einen dysfunktionalen Elternmodus »triggert«, also auslöst. Ein Beispiel finden Sie im obigen

Kasten, bei Miriam löst die Zurückweisung durch die Freundin den emotional fordernden Elternmodus aus.

Vielleicht kennen Sie es auch, dass Ihnen Ihr Chef eine Arbeit zurückgibt, mit einer kurzen Notiz, die auf einen Fehler hinweist. Dies ist ein ganz normaler Vorgang und sollte eigentlich nicht dazu führen, dass Sie sich sehr schlecht fühlen. Wenn Sie jedoch einen stark leistungsfordernden Elternmodus haben, kann dieser davon sofort ausgelöst werden. Dann fühlen Sie sich vielleicht sehr kritisiert und haben das Gefühl, nichts richtig machen zu können. Wenn der dysfunktionale Elternmodus sehr stark ist, fürchten Sie womöglich gleich die Entlassung, obwohl die Kritik eigentlich sachlich und konstruktiv ist. Möglicherweise fühlen Sie sich dann auch schwach, hilflos oder beschämt, je nachdem, was Sie in Ihrer Kindheit und Jugend erlebt haben. Der dysfunktionale Elternmodus wird zusammen mit einem verletzten Kindmodus ausgelöst.

Trotz dieses häufigen gemeinsamen Auftretens ist es uns sehr wichtig, die Kind- und Elternmodi getrennt zu behandeln. Denn wie Sie im weiteren Verlauf sehen werden, ist der Umgang mit den beiden ziemlich unterschiedlich. Bei verletzlichen Kindmodi geht es stark darum, diese zu trösten, zu schützen und besser für sie zu sorgen. Dysfunktionale Elternmodi dagegen müssen, vor allem wenn sie die Person stark in ihrer Lebensqualität einschränken, reduziert und begrenzt werden. Dafür sind ganz unterschiedliche Vorgehensweisen notwendig. Deshalb ist die grundsätzliche Trennung von dysfunktionalem Elternmodus und verletztem Kindmodus wichtig, selbst wenn die beiden bei Ihnen fast immer »Hand in Hand« auftreten.

**!** Von dysfunktionalen Elternmodi ist grundsätzlich immer dann die Rede, wenn eine Person sich unter unangemessen starken Druck setzt, sich ihre eigenen Bedürfnisse nicht gestattet, ihre eigenen Gefühle lächerlich findet oder sich abwertet wegen Dingen, die dies nicht rechtfertigen.

Die Forderungen oder Vorwürfe, die von dysfunktionalen Elternmodi kommen, können ziemlich unterschiedliche Inhalte haben. Es ist wichtig, dass Sie den genauen Charakter Ihres Elternmodus kennen lernen. Wie Sie bereits gelesen haben, wird zwischen fordernden und strafenden Elternmodi unterschieden. Dabei können bei einer Person natürlich auch Mischformen der verschiedenen dysfunktionalen Elternmodi vorliegen, besonders wenn in der Kindheit ganz verschiedene Personen abwertende Botschaften vermittelt haben (z. B. Eltern und Lehrer und Klassenkameraden).

**Fordernde Elternmodi mit Gefühlen von Versagen.** Bei fordernden Elternmodi geht es häufig um überhöhte Ansprüche an die eigene Person. Dies bezieht sich oft auf Leistungen in der Schule, im Studium oder im Beruf. Gerade bei Frauen findet sich häufig auch ein ausgeprägter fordernder Elternmodus in Bezug auf ihre Figur und ihr Gewicht. Wenn die übermäßigen Anforderungen nicht erfüllt werden können, entsteht das Gefühl, ein Versager zu sein.

**Fordernde Elternmodi mit Schuldgefühlen.** Möglicherweise ist Ihr Verhältnis zu Leistung eigentlich gesund und ausgewogen. Dennoch kann es sein, dass Sie sich in anderen Lebensbereichen von einem fordernden Elternmodus unter Druck setzen lassen – z. B. in Beziehungen. Möglicherweise schaffen Sie es nicht, in Beziehungen Ihre eigenen Grenzen zu setzen oder Ihre eigenen Wünsche einzubringen. Dann läge dennoch ein fordernder Elternmodus vor – dessen Botschaft wäre allerdings nicht »Du musst immer der/die Beste sein«, sondern »Du musst es in Beziehungen immer dem anderen Recht machen«. Wenn eine Person diesem fordernden Elternmodus nicht gerecht werden kann, entstehen in der Regel Schuldgefühle.

**Strafende Elternmodi.** Hier geht es weniger um Ansprüche oder Forderungen an die eigene Person. Typischerweise ist ein strafender Elternmodus eine innere Stimme, die die eigene Person einfach nur abwertet. Häufig sind es sehr absolute und generalisierende Botschaften, die von dem strafenden Elternmodus ausgehen. Wie z. B. »Du warst schon immer …«, »Du wirst nie …« oder »Du bist absolut …«, gefolgt von negativen Aussagen wie dumm, schlecht oder hässlich.

**Typische Botschaften der verschiedenen dysfunktionalen Elternmodi**

Fordernde Elternmodi, die vor allem auf Leistung und Erfolg ausgerichtet sind:

- »Du musst immer die Beste sein.«
- »Wenn es nicht perfekt ist, ist es nichts wert.«
- »Wenn du nicht schlank bist, findest du nie einen Freund.«

Emotional fordernde Elternmodi, die vor allem Schuldgefühle auslösen:

- »Du musst immer für alle anderen da sein.«
- »Stell deine Bedürfnisse nicht in den Vordergrund, das ist egoistisch.«
- »Sei die perfekte Mutter für deine Kinder.«

Strafende Elternmodi:

- »Du bist doch nur peinlich.«
- »Wenn jemand dich richtig kennenlernt, wird er sich abwenden.«
- »Es wäre besser, wenn du nicht geboren worden wärst.«

Manche Menschen haben sehr stark »generalisierte« dysfunktionale Elternmodi, d. h., dieser Modus meldet sich in vielen oder fast allen Situationen und Lebensbereichen. Bei anderen Personen wird der Modus dagegen vielleicht nur in sehr speziellen Situationen ausgelöst (s. folgenden Kasten).

**Fallbeispiel**

**Beispiel 1: Umfassender schädlicher Elternmodus, der in fast allen Situationen wirksam ist**

Andrea F. wurde von den Nonnen nicht nur durch Essensentzug und Bloßstellung bestraft, wenn sie ihre eigene Meinung äußerte. Zusätzlich wurde sie mit harten Strafarbeiten belegt, wenn sie in Arbeiten geringfügige Fehler machte. Darüber hinaus wurde jeder körperliche Genuss (Sexualität, Kuscheln, sich schön her- ▶

richten, lange warme Duschen etc.) abgelehnt, verteufelt und ggf. sogar bestraft.

Heute gelingt es Andrea in praktisch keinem Bereich, sich wertzuschätzen und sich etwas zu gönnen. Neben dem Essen sind auch körperliche Genüsse wie Duschen, Sex, Massagen, die warme Sonne genießen etc. »verboten«. Wenn sie einen kleinen Fehler macht, fühlt sie sich elend, schlecht und hat das Gefühl, Strafe zu verdienen. Für Andrea, die durch ihre Geschichte chronisch depressiv und sehr instabil ist, wird eine lange Therapie wichtig sein, in der sie lernt, diesen Elternmodus zu überwinden und sich selbst liebevoller und mit mehr Nachsicht zu begegnen.

**Beispiel 2: Emotional fordernder Elternmodus, der auf wenige Situationen beschränkt ist**

Marita K. arbeitet als Sozialarbeiterin – eine Tätigkeit, in der sich viele Menschen bis hin zum → Burnout sehr aufopfern. Marita kann ihre Grenzen jedoch in aller Regel recht gut wahren. Eine Ausnahme von dieser Regel zeigt sich jedoch immer wieder, wenn sie mit jüngeren Männern zu tun hat. Bei diesen hat sie im Gegensatz zu ihren sonstigen Klienten das Gefühl, für sie zuständig zu sein und Aufgaben übernehmen zu müssen, die eigentlich die Klienten selbst lösen müssten.

Anlässlich einer Fortbildung über Burnoutprophylaxe denkt sie darüber nach und stellt überrascht fest, dass dies wahrscheinlich ein Muster ist, das noch aus ihrer Kindheit stammt. Ihr jüngerer Bruder ist körperbehindert und sie als ältere Schwester war schon früh mit dafür zuständig gewesen, sich um ihn zu kümmern. Wenn sie sich genau mit den Gefühlen befasst, die jüngere männliche Klienten heute in ihr auslösen, fühlt sich dies ganz ähnlich an wie ihre frühere Verpflichtung als ältere Schwester gegenüber dem jüngeren Bruder.

Im Folgenden wird jeder der drei Typen von dysfunktionalen Elternmodi noch genauer erläutert.

## 3.1 Leistungsfordernde Elternmodi

Fordernde Elternmodi, die sich auf Leistung konzentrieren, treiben die Betroffenen dazu an, perfekt zu sein, alles zu erreichen oder nicht zu ruhen, bevor sie die Besten in allem sind. Wenn ein Student mit einem stark fordernden Elternmodus einmal nicht die Höchstpunktzahl bekommt, hält er sich für einen Versager und denkt möglicherweise darüber nach, das Studienfach zu wechseln. Am Arbeitsplatz kann ein leistungsfordernder Elternmodus dazu führen, dass man in einen Burnout gerät, weil man sich keine Pausen gönnen kann und perfektionistischen und viel zu hoch gesteckten Zielen hinterherjagt. Personen mit leistungsforderndem Elternmodus erlauben sich keine Erholung und stellen Erfolg, Arbeit und Disziplin weit über Spaß, Freude und Entspannung.

Ein weiterer typischer Bereich, in dem fordernde Elternmodi auftreten, ist das Aussehen und besonders Figur und Gewicht einer Person. Jemand mit einem stark fordernden Elternmodus in diesem Bereich wird von sich ständige Disziplin bei Essen und Sport verlangen. Das Essen eines Desserts am Abend wird z. B. mit exzessivem Sport am nächsten Tag »geahndet«. Die größten Probleme bereitet ihnen im fordernden Elternmodus typischerweise ein Gefühl von Versagen.

**Fallbeispiel**

Lisa U., 32 Jahre alt, ist berufstätig und Mutter von zwei Kindern. In ihrer Jugend und auch später im Studium hat sie viel Sport getrieben und war immer sehr schlank. Seit der Geburt der beiden Kinder hat sie einige Kilos zugelegt. Die wird sie kaum wieder los, auch weil sie im Alltag wenig Zeit für Sport findet. Dabei finden alle, dass Lisa immer noch schlank und sportlich aussieht. Lisa selbst ist allerdings mit ihrem Körper und ihrem Gewicht völlig unzufrieden. Deshalb nimmt sie sich dauernd Diäten und Sportprogramme vor, die sie dann allerdings wegen Stress und Zeitnot nicht einhalten kann. Sie steigt täglich morgens und abends auf die Waage. Wenn diese nach einem guten Abendessen mal ein Pfund mehr anzeigt, ist sie wütend, verzweifelt und hadert mit sich und geht am nächsten Tag statt Abendessen eine lange Runde joggen.

In der Biografie von Menschen mit stark leistungsfordernden Elternmodi haben häufig Eltern oder andere wichtige Bezugspersonen von der betroffenen Person hohe Leistung gefordert. Typische Erinnerungen können etwa sein: »Eine Eins in der Schule war die selbstverständliche Note. Wenn es eine Zwei war, war es noch okay. Ab Zwei minus wurde mit der Nase gerümpft.« Insbesondere auch das Fehlen von Lob für sehr gute Leistungen lässt die Betroffenen in Hamsterräder geraten, in denen sie immer noch besseren Leistungen hinterherjagen, nach dem Motto: »Irgendwann muss es doch gut genug sein!« Dabei können sie aufgrund ihrer kindlichen Perspektive nicht überblicken, dass es womöglich nie genug sein kann.

Oft haben Menschen, die im Erwachsenenalter stark fordernde Elternmodi haben, in der Kindheit und Jugend Leistungssport betrieben oder ein Musikinstrumente gut gespielt. Wenn wir in der Therapie der Herkunft des fordernden Elternmodus eines Patienten nachspüren, taucht häufig sofort der Judolehrer, Leichtathletiktrainer, Schwimmtrainer oder Klavierlehrer auf. »Der war nie zufrieden, es musste immer trainiert werden, aber ein Abschluss im Sinne einer besten Leistung oder eines erreichten und glücklich festgestellten Zieles gab es nie.«

Dies liegt unter anderem daran, dass leistungsbezogene Systeme, in denen sich solche Kinder und Jugendlichen bewegen, nach oben hin offen sind und immer strenger werden. Wenn ein Kind auf regionaler Ebene Erfolg bei sportlichen Wettkämpfen oder musikalischen Wettbewerben hat, steigt es auf und muss sich auf überregionaler Ebene beweisen. Und so geht es immer weiter, bis irgendwann eine Ebene erreicht ist, in der sich kein Erfolg mehr einstellt.

**Fallbeispiel**

Magnus K. hat in seiner Jugend Schwimmen als Leistungssport betrieben. Dabei war er auf lokaler Ebene ein sehr guter Schwimmer, sodass er auch mehrfach auf Wettbewerben auf Landesebene antrat. Dort schwamm er jedoch trotz extrem harten Trainings immer »hinterher« und kam selten über einen 6. oder 7. Platz hinaus. Magnus hat dadurch gelernt, sich auch mit sehr guten und hart erarbeiteten Leistungen wie ein Versager zu fühlen. Seine zentralen Erinnerungen an 15 Jahre Schwimmen sind nicht die guten regionalen Erfolge über viele Jahre. Stattdessen hat er immer das Bild seines Trainers vor Augen, der enttäuscht über sein weniger gutes Abschneiden auf der Landesebene ist.

Mittlerweile hat er ein Studium begonnen. Hier merkt er, dass er bei bevorstehenden Klausuren unter großen Druck kommt und sich leicht wie ein Versager fühlt, wenn er keine hervorragenden Ergebnisse hat. Dieses Gefühl erinnert ihn stark an Situationen beim Schwimmen.

**Fordernder Elternmodus oder gesunder Ehrgeiz?**

Wir leben in einer Gesellschaft, in der Leistungen im Beruf, Sport, oder auch beim Aussehen belohnt und gefördert werden. Deshalb ist es nicht verwunderlich, dass viele Menschen eine Art »inneren Antreiber« haben, der sie ständig nach hochgesteckten Zielen streben lässt. Sie fragen sich jetzt vielleicht, wo der Unterschied ist zwischen einem »gesunden Ehrgeiz«, der einen weiterbringt, und einem fordernden Elternmodus.

Dies lässt sich am besten danach beurteilen, wie gut es Ihnen in Ihrem Leben und mit Ihrem Ehrgeiz geht, und in welchem Maße es Ihnen möglich ist, auch noch andere Bedürfnisse als das Bedürfnis nach Erfolg zu befriedigen. Von einem fordernden Elternmodus würden wir dann sprechen, wenn Sie durch den Ehrgeiz Einschränkungen haben, wie etwa Schlafstörungen, starkes Grübeln, Frustessen oder einen → Burnout. Wenn es Ihnen nicht mehr gelingt, angenehmen Aktivitäten nachzugehen, die Ihr Bedürfnis nach Entspannung und Spaß erfüllen (z. B. Tanzen, Freunde treffen, Kino) und Sie stattdessen immer arbeiten müssen, ist wohl eher ein Elternmodus am Werk. Wenn es Ihnen jedoch gut geht und Sie alles in allem ein angenehmes Leben führen und sich auch entspannen können, dann ist Ihr Ehrgeiz wahrscheinlich eher »gesund«.

Wie Sie aus den bisherigen Erläuterungen sehen können, haben es die Menschen, die den fordernden Elternmodus verursacht haben, oft nur gut mit dem Kind gemeint. Allerdings hat möglicherweise die Balance von Lob und Forderungen nicht gestimmt. So kann es manchmal vorkommen, dass Eltern ihren Kindern vor allem durch Lob über Leistungen Zuwendung und Anerkennung zeigen. Das ist nicht falsch, jedoch kann es, wenn Lob und Zuwendungen bei anderen Anlässen einfach selten waren, dazu führen, dass sich ein Kind nur dann geliebt fühlt, wenn es Leistung bringt. Manchmal erleben Kinder auch, dass sie mit Liebesentzug bestraft werden, wenn sie keine guten Leistungen zeigen. Das ist zum Beispiel der Fall, wenn die Mutter deutlich enttäuscht reagiert und den ganzen Tag kaum noch mit dem Sohn redet, nachdem dieser eine Drei aus der Schule mit nach Hause gebracht hat. Dies ist für Kinder ganz außerordentlich belastend und gräbt sich tief in ihre Seele ein. Sie werden in der Folge alles tun, um schlechte Noten zu vermeiden. Dabei entwickeln sie aber keineswegs Freude an guter Leistung! Es ist lediglich so, dass sie sich grässlich ungeliebt fühlen, wenn sie einmal kein sehr gutes Ergebnis erzielen.

Manchmal haben allerdings Eltern, Lehrer oder andere wichtige Personen nicht ausdrücklich von einem Kind oder Jugendlichen

Leistung eingefordert. Stattdessen haben sie aber selbst eine hohe Leistungsorientierung vorgelebt und sich selbst kaum Zeit und Raum für Entspannung und Vergnügen gegeben. Selbst wenn sie ihren Kindern gegenüber betont haben, dass gute Noten nicht alles im Leben sind, haben sie doch ein anderes Modell geboten. In der Psychologie wird in solchen Fällen von → Modelllernen gesprochen.

> **!** Häufige Faktoren bei der Entstehung von leistungsfordernden Elternmodi sind:
> - Eltern oder Lehrer, die sehr viel Wert auf gute Noten und Leistung legen.
> - Liebesentzug, wenn keine guten Leistungen gezeigt werden.
> - Belohnung von Leistung und wenig Lob oder Zuwendung in anderen Situationen.
> - Tätigkeit in leistungsorientierten Systemen, in denen man immer weiter nach oben getrieben wird, z. B. Leistungssport oder Musik.

**Woran erkenne ich leistungsfordernde Elternmodi bei mir selbst?**

Anhand der folgenden Fragen können Sie wieder überprüfen, ob bei Ihnen möglicherweise ein leistungsfordernder Elternmodus vorliegt.

- Ich gebe mir selbst keine Gelegenheit zu entspannen oder Spaß zu haben, bevor ich nicht alles erledigt habe, was ich tun muss.
- Ich stehe dauernd unter dem Druck, Dinge zu leisten oder zu erreichen.
- Ich versuche, keine Fehler zu machen; ansonsten mache ich mich dafür runter.
- Ich weiß, dass es eine »gute« und eine »schlechte« Art gibt, Dinge zu tun; ich gebe mir große Mühe, alles richtig zu machen, sonst fange ich an, mich selbst zu kritisieren.

Auch hier ist es sinnvoll, das Arbeitsblatt »Mein leistungsfordernder Elternmodus« (in den Online-Materialien) zu bearbeiten, um Ihren leistungsfordernden Elternmodus besser kennenzulernen. Die Ergebnisse können Sie wieder in der Modus-Übersicht eintragen.

**Woran erkenne ich leistungsfordernde Elternmodi bei anderen?**
Wenn jemand anderes einen stark leistungsfordernden Elternmodus hat, erleben Sie vermutlich seinen Perfektionismus als übermäßig. Sie finden, dass er sich übermäßig anstrengt, dass er mehr Aufgaben übernimmt als nötig und dass in vielen Situationen doch weniger Anstrengung nötig wäre. Sie denken möglicherweise »Warum muss der das denn alles machen? Das ist doch gar nicht nötig! Er kann sich doch Hilfe holen, das erwartet doch keiner.« oder auch »Wenn sie so weitermacht, wird sie bald zusammen brechen. Das ist zuviel für sie, warum kann sie sich nicht schonen.« Wenn Sie so etwas der anderen Person sagen, reagiert diese jedoch verständnislos, oder Sie merken, dass sie sich dennoch nicht entspannen kann.

So haben Sie beispielsweise den Eindruck, dass Ihre Kollegin wieder vollkommen überlastet ist. Dennoch hat sie wieder fünf Zusatzaufgaben angenommen, bei denen Sie genau wissen, dass alle anderen sich einfach nur drücken. Warum gelingt es Ihrer Kollegin nie, sich genauso zu drücken wie die anderen? Wahrscheinlich spielt bei der Antwort ein fordernder Elternmodus eine Rolle!

Entscheidend dafür, ob ein fordernder oder strafender Elternmodus vorliegt, ist vor allem die Antwort des Betroffenen, wenn Sie ihn darauf ansprechen. Wenn Ihre Kollegin auf Ihren Vorschlag, sich doch mit einer Ausrede zu drücken wie die anderen auch, ganz erfreut reagiert und sich dies sofort vornimmt, hat sie wahrscheinlich doch keinen starken Elternmodus, sondern war einfach noch nicht auf diese Idee gekommen. Wenn sie jedoch anfängt, Ihnen zu erklären, warum gerade sie viel mehr machen muss als alle anderen, ist eher von einem fordernden Elternmodus auszugehen.

## 3.2 Emotional fordernde Elternmodi

Hier stehen ebenfalls hohe Forderungen an den Betroffenen im Vordergrund. Allerdings richten sich die Forderungen darauf, wie sich der Betroffene fühlen soll oder wie er sich in bestimmten sozialen Situationen verhalten soll. Ganz typisch ist es dabei, dass Menschen, die diesen Elternmodus haben, das Gefühl haben, sie müssten immer alles für die anderen tun, sie dürften keine Kritik üben, sie

müssten immer nett sein und sie seien für das Wohlergehen anderer verantwortlich. Wenn sie dem nicht gerecht werden, treten Schuldgefühle auf. Menschen, die soziale Berufe ergreifen, zum Beispiel Ärzte, Psychotherapeuten, Sozialarbeiter oder Krankenschwestern, weisen sehr häufig diese Art emotional fordernder Elternmodi auf.

**Fallbeispiel**

Anja M. ist eine Psychotherapeutin, die bei ihren Klienten sehr beliebt ist. Sie kann sich sehr gut in andere Menschen einfühlen, versteht ihre Probleme und kann sie wunderbar stützen, ermutigen und aufheitern. Allerdings erlebt Anja häufig, dass sie es nicht schafft, sich abzugrenzen, wenn dies eigentlich notwendig wäre, egal ob im Beruf oder privat. Sie kümmert sich um alles und jeden, obwohl es ihr eigentlich zu viel ist. Wenn sie dies jedoch ablehnt, fühlt sie sich schuldig und ungeliebt.

Anjas Mutter litt unter Depressionen. In depressiven Phasen war sie sehr abwesend und abweisend auch gegenüber ihren Kindern. Anja hatte dann immer wieder versucht, sie aufzuheitern, um ihr so wenigstens ein kleines Lächeln zu entlocken. ▶

Dadurch hat sie noch heute das Gefühl, dass sie dafür zuständig ist, andere aufzuheitern, und dass sie nicht geliebt werden kann, wenn sie nicht dafür sorgt, dass alle Menschen in ihrer Umgebung rundum glücklich und zufrieden sind.

**Parentifizierung.** Das Fallbeispiel von Anja ist ein sehr typisches Beispiel für die Entstehung von emotional fordernden Elternmodi. Menschen, deren Eltern (oder ein Elternteil) an einer psychischen Erkrankung, häufig Depressionen, litten, haben oft einen starken emotional fordernden Elternteil. Dies liegt vermutlich daran, dass sie sich schon als Kinder für andere und insbesondere für deren Stimmung und Wohlergehen verantwortlich fühlten. Häufig waren andere Familienmitglieder mit der psychischen Erkrankung überfordert und zogen sich eher zurück. Dann war z. B. die Tochter mit der Mutter allein und letztlich dafür zuständig, sie aus ihrer Stimmung zu reißen. Dieser Prozess wird in Fachsprache als Parentifizierung bezeichnet. Damit wird ausgedrückt, dass ein Kind zu früh die Rolle eines Erwachsenen übernimmt, insbesondere im sozialen und emotionalen Bereich.

Ähnliches kann passieren, wenn sich Eltern trennen und eines der Elternteile das Kind als »Mülleimer« benutzt, indem es sich bei ihm über die Ehe oder über das andere Elternteil »auslässt«. Das Kind kommt dann rasch in die Rolle eines Beraters, Trösters oder Vermittlers, die ihm eigentlich vom Alter her noch nicht angemessen ist. Wenn es in dieser Rolle keinen »Erfolg« hat, z. B. das Elternteil nicht glücklich macht, fühlt es sich schuldig und verantwortlich dafür, sich noch mehr zu kümmern. Da das Kind nicht verstehen kann, dass diese Rolle unangemessen ist und eine Überforderung darstellt, hält es sie für selbstverständlich und behält sie in der Folge dann häufig – als emotional fordernden Elternmodus – ein Leben lang bei.

**Modelllernen.** Weiterhin kann auch hier → Modelllernen eine Rolle spielen. Häufig haben Personen, die später einen starken emotional fordernden Elternmodus haben, in der Kindheit erlebt, dass sich alle Familienmitglieder sehr auf eine bestimmte Person, wie z. B. auf die depressive Mutter, eingestellt haben. Ein anderes Beispiel wäre: »Dem Vater/der Oma/dem Opa muss immer vorgegaukelt werden, dass alle lustig und zufrieden sind und ihn fürchterlich gern haben!« Egal, wie man sich wirklich fühlt, eine bestimmte Rolle muss eingehalten werden. So mussten die Betreffenden auch Gefühle von Zuneigung, Zuwendung, Freude etc. zeigen, die sie eigentlich gar nicht empfanden. Wenn sie später in Beziehungen offen zeigen, dass sie etwas nicht gut finden, können sie unter Umständen starke Schuldgefühle entwickeln.

**Fallbeispiel**

Anna L. ist Krankenschwester. Sie ist sehr beliebt und ist immer ruhig, ausgeglichen und in guter Stimmung. Allerdings merkt sie immer wieder, dass bestimmte Patienten sie extrem belasten und unter Stress bringen, dann wird sie hektisch und fühlt sich schlecht, wenn die Patienten nicht zufrieden sind. Dies sind typischerweise Patienten, die etwas herrisch sind und Forderungen stellen. Annas Vaters ist ähnlich gewesen. Wenn er nicht daheim war, war das Leben für die Familie in der Regel recht angenehm. Kam er jedoch nach Hause, bemühte sich die restliche Familie, ihn »bei Laune zu halten«, damit er nicht in seinen gereizten und herrischen Ton verfiel. Niemand hatte dabei jemals Anna explizit angewiesen, dies zu tun, sie hatte sich dieses Verhalten schon in der frühen Kindheit bei ihrer Mutter abgeschaut.

In extremen Fällen kann es sogar vorkommen, dass Menschen in ihrer Kindheit erlebt haben, dass die Situation gefährlich wird, wenn sie ihre emotionale Rolle nicht spielen. Immer wieder berichten z. B. Töchter von Alkoholikern, dass ihr Vater, insbesondere wenn er alkoholisiert war, unberechenbar, gereizt und auch gewalttätig sein konnte. Wenn die Mutter es nicht schaffte, sich vom Vater zu trennen, reagierte sie oft unterwürfig, um den Vater nicht zu reizen. Kinder aus solchen Beziehungen haben oft ein diffuses Gefühl von Gefährdung, wenn sie später in ihrem Leben in Beziehungen versuchen, eigene Bedürfnisse auszudrücken, oder den Partner zu kritisieren – selbst wenn objektiv kein Grund zur Sorge besteht.

! Bei emotional fordernden Elternmodi sind die folgenden biografischen Ursachen typisch:

- Parentifizierung: Elternpersonen waren psychisch instabil und das Kind hat früh gelernt, sich für das Wohlergehen anderer verantwortlich zu fühlen.
- Modelllernen: Ein Kind hat sich früh von anderen Familienmitgliedern abgeschaut, dass ein bestimmtes Beziehungsverhalten eingehalten wird, um einem bestimmten Familienmitglied Genüge zu tun.
- Wenn sich Familienmitglieder bzw. das betroffene Kind nicht stark an den Bedürfnissen oder Launen anderer orientiert hat, stand Bedrohung im Raum.

### Woran erkenne ich emotional fordernde Elternmodi bei mir selbst und anderen?

Anhand der folgenden Aussagen können Sie überprüfen, ob bei Ihnen möglicherweise ein emotional fordernder Elternmodus vorliegt.

- Ich gebe mir größte Mühe, es anderen recht zu machen, um Konflikte, Auseinandersetzungen oder Zurückweisungen zu vermeiden.
- Ich bin ein schlechter Mensch, wenn ich auf andere wütend werde.
- Ich zwinge mich, verantwortungsbewusster zu sein als die meisten anderen Menschen.

Fragen, die Sie sich selbst zum emotional fordernden Elternmodus stellen können, finden Sie im Arbeitsblatt »Mein emotional fordernder Elternmodus« (in den Online-Materialien). Die Ergebnisse können Sie wieder in die Modus-Übersicht im Anhang eintragen.

Wie bei fordernden Elternmodi mit Schwerpunkt auf Leistung (s. Abschn. 3.1) erkennen Sie diesen Modus daran, dass Sie sich unter Druck fühlen und es Ihnen ungeheuer schwer fällt, Ihre eigenen Bedürfnisse zu zeigen, selbst wenn es objektiv betrachtet eigentlich angemessen wäre.

Wenn eine andere Person einen solchen emotional fordernden Elternmodus hat, ist Ihr Eindruck vermutlich, dass es doch gar nicht nötig wäre, es anderen in so hohem Ausmaß Recht zu machen, und dass die Person ruhig häufiger mal auf ihre eigenen Bedürfnisse hinweisen dürfte. Wenn Sie ihr dies jedoch sagen, spüren Sie, dass die andere Person das nur schwer annehmen kann, selbst wenn sie es sich eigentlich selbst wünscht. Vieles ähnelt den Beschreibungen zum leistungsfordernden Elternmodus.

## 3.3 Strafende Elternmodi

Bei strafenden Elternmodi wertet sich die betreffende Person extrem ab oder hasst sich gar selbst. Sehr häufig findet sich emotionaler, körperlicher oder sexueller Missbrauch in der Biografie einer Person mit stark strafendem Elternmodus. So ist es zum Beispiel sehr wahrscheinlich, dass ein Mädchen, das in der Pubertät von Klassenkameradinnen wegen ihrer großen Brüste gehänselt wurde, sich Zeit ihres Lebens entsetzlich für ihre Brüste oder gar für ihren ganzen Körper schämt. Oder dass ein Junge, der wegen nichtiger Vergehen schwer bestraft wurde, später im Leben bei geringfügigen Fehlern sofort das Gefühl hat, inakzeptabel zu sein und Strafe zu verdienen.

Es gibt verschiedene Arten von Missbrauch, die zu einem strafenden Elternmodus führen können. Dabei kann jemand »nur« eine

dieser Arten von Missbrauch erfahren haben; wenn es ganz schlecht läuft, kommen jedoch auch mehrere Punkte zusammen.

**Sexueller Missbrauch.** Dies ist sicherlich der »prominenteste« Missbrauch. Häufig wird dabei sofort an den Vater gedacht. Es ist jedoch wichtig sich klar zu machen, dass oft auch andere Männer oder auch Frauen die Täter sind, beispielsweise Großvater oder andere Verwandte, Nachbarn oder Vertrauenspersonen wie Jugendgruppenleiter, Sportlehrer oder Priester. Sexueller Missbrauch führt aus vielerlei Gründen zu strafenden Elternmodi. Zum einen schämen sich die betroffenen Kinder selbst sehr für diese Ereignisse, obwohl sie daran keine Schuld tragen. Typischerweise vermitteln Täter zudem häufig, dass das Kind selbst an der schlechten Behandlung schuld sei oder diese provoziert habe. Zum anderen glauben missbrauchte Kinder häufig, dass sie keine bessere Behandlung verdient hätten – ergo müssen sie schlechte Menschen sein.

**Körperlicher/physischer Missbrauch.** Damit ist gemeint, dass Kinder geschlagen werden oder ihnen auf andere Weise Schmerzen zugefügt werden. Manchmal sind Eltern oder Bezugspersonen, die Kinder schlagen, vor allem leicht erregbar und geraten schnell in Rage. Manchmal berichten Menschen aber auch von physischem Missbrauch, der eher eine sadistische Qualität hat – d. h., der Täter hatte offensichtlich Vergnügen daran, das Kind zu misshandeln. Dies hinterlässt in aller Regel ganz besonders schwere psychische Narben und führt zu sehr starken strafenden Elternmodi. Auch unter Klassenkameraden oder anderen gleichaltrigen Bezugspersonen kann körperlicher und physischer Missbrauch auftreten und furchtbare psychische Folgen haben.

**Emotionaler Missbrauch.** Damit ist vor allem gemeint, dass Kinder in extremer Weise von ihren Eltern emotional benutzt werden. Zum Beispiel, indem Elternteile Kindern über sexuelle Probleme des anderen Elternteils erzählen, indem sie ihnen Schuldgefühle einjagen für Probleme in der Beziehung, indem sie mit Suizidandrohungen das Haus verlassen und das Kind verzweifelt zurücklassen etc.

**Vernachlässigung.** Wenn Kinder erfahren, dass sie es nicht wert sind, dass man sich gut um sie kümmert, werden sie dieses Konzept eines strafenden Elternmodus sehr wahrscheinlich beibehalten. Dazu gehört etwa, nicht genug Nahrung, Kleidung, Trinken, Wärme etc. zu bekommen; oder Eltern verschwinden über Tage und kehren irgendwann unvorhersehbar ohne Begründung zurück.

**Andere schwere Strafen.** Manche Menschen erleben in ihrer Kindheit sehr grausame Formen von Strafe. Dazu kann es gehören, nackt vor die Tür gesperrt zu werden, nicht an Mahlzeiten teilnehmen zu dürfen, ohne Licht in den Keller gesperrt zu werden etc. Solche Ereignisse brennen sich in aller Regel tief ein und können oft niemals richtig überwunden werden, solange sie nicht sehr gezielt in einer Therapie bearbeitet werden.

**Mobbing.** Mobbing, vor allem durch Klassenkameraden oder Gleichaltrige, kann eine ganz extreme und langwierige Form von Missbrauch darstellen. Betroffene berichten später oft, dass sie jahrelang gemobbt worden sind. Besonders fatal ist bei Mobbing durch Klassenkameraden, dass man mit diesen über viele Jahre nahezu jeden Tag einige Stunden verbringen muss. Ein Aufdecken der Mobbingsituation könnte wie Petzen wirken und die Situation des Betroffenen noch verschlimmern! Dadurch entsteht ein großes Gefühl von Ausweglosigkeit und sich unterwerfen müssen.

**Fallbeispiel**

**Beispiel 1**

Barbara P. ist eine 28-jährige Patientin mit einer Borderline-Persönlichkeitsstörung. Sie schafft es nicht, ein normales Leben mit normalen Aufgaben zu führen, weil sie sich schon bei geringsten Problemen oder Konflikten selbst verletzen muss und nicht mehr unter Menschen traut. Als Kind wurde Barbara von ihrem Großvater jahrelang schwer sexuell missbraucht. Die Familie ahnte, was los war, allerdings hatte sich niemand darum gekümmert und sie immer wieder zu den Großeltern geschickt. Heute findet sie sich und ihren Körper schrecklich. Sie hat das Gefühl, schlechte Behandlung verdient zu haben und kann sich nicht gestatten, überhaupt eigene Bedürfnisse zu besitzen, geschweige denn sie zu äußern. Die Selbstverletzungen dienen der Selbstbestrafung, wenn sie sich wieder mal ganz besonders hasst.

▶

**Beispiel 2**
Miriam T. kann sich heute kaum erlauben, etwas zu essen. Essen löst bei ihr absoluten Ekel aus. Darüber hinaus findet sie sich selbst absolut grässlich und unerträglich. Sie ist in einer Pflegefamilie aufgewachsen. Die Pflegemutter war vermutlich sadistisch veranlagt, schwer überfordert und hat Miriam als Kind immer wieder vorgeworfen, Essen geklaut zu haben. In der Folge musste Miriam zur Strafe ohne Essen ins Bett gehen. Diese Anschuldigungen waren fast immer zu Unrecht, aber trotzdem fiel die Strafe drakonisch aus.

Strafende Elternmodi können etwas verschiedene »Botschaften« haben. Praktisch immer geht es darum, nicht liebenswert zu sein. Darüber hinaus können Scham und Ekel in Bezug auf die eigene Person auftreten, etwa wenn man Dinge macht, für die man früher bestraft wurde. Das Gefühl, ein Recht auf eigene Bedürfnisse oder überhaupt eigene Rechte zu haben, ist den Betroffenen möglicherweise vollkommen fremd.

### Woran erkenne ich strafende Elternmodi bei mir selbst und bei anderen?

Anhand der folgenden Aussagen können Sie überprüfen, ob bei Ihnen möglicherweise ein strafender Elternmodus vorliegt.

- Weil ich schlecht bin, gestehe ich es mir nicht zu, angenehme Dinge zu tun, wie andere Menschen auch.
- Ich verdiene es, bestraft zu werden.
- Ich habe den Drang, mich selbst zu bestrafen, indem ich mir selbst wehtue (z. B. mich schneide).
- Ich kann mir selbst nicht vergeben.

Wenn Sie einen strafenden Elternmodus haben, erkennen Sie das daran, dass Sie sich häufig ganz furchtbar finden, sich für sich selbst schämen und das Gefühl haben, dass Ihre Gefühle und Bedürfnisse nicht in Ordnung sind und Sie sich keinem Menschen zumuten können. Auch wenn jemand Ihnen sagt, dass er Sie mag oder Sie ihm wichtig sind, können Sie das fast gar nicht glauben.

Fragen, die Sie sich selbst zum strafenden Elternmodus stellen können, finden Sie im Arbeitsblatt »Mein strafender Elternmodus« in den Online-Materialien. Die Ergebnisse können Sie wieder in die Modus-Übersicht eintragen.

### Woran erkenne ich strafende Elternmodi bei anderen?

Bei anderen Menschen können Sie strafende Elternmodi daran erkennen, dass scheinbar keine positive Botschaft »ankommt«. Die andere Person findet sich schlimm und wertet sich ab, egal wie sehr Sie versuchen, sie zu überzeugen, dass sie liebenswert oder wertvoll ist, oder dass ein kleiner Fehler wirklich kein schwerwiegendes Problem darstellt.

Die betroffenen Personen fragen z. B. bei jeder Gelegenheit, ob Sie ihre Gesellschaft noch ertragen können. Oder sie betonen immer wieder, wie dumm, überflüssig und lästig sie seien. Als Gegenüber kann Sie das zur Verzweiflung bringen, weil Sie den Betroffenen wahrscheinlich ganz anders erleben. Unter Umständen werden Sie irgendwann sogar wütend, weil Sie das Gefühl haben, dass Ihre eigenen Versuche, Sympathie und Interesse am anderen auszudrücken, bei diesem gar nicht ankommen, da der Elternmodus und die Selbstabwertung wie eine Mauer davorstehen.

**Fallbeispiel**

Yvonne T. hat einen ausgeprägten strafenden Elternmodus. Dies hat mit Gewalterfahrungen in ihrer Kindheit zu tun, die in ihr das Gefühl zurückgelassen haben, absolut gar nichts wert zu sein. Dabei ist Yvonne von außen betrachtet eine sehr liebenswerte Frau, die einige treue und zuverlässige Freunde gefunden hat. Ihre Freundin Maja hat – in schwächerer Form – ähnliche Probleme wie Yvonne. Wenn Yvonne wegen Überlastung wieder einmal völlig am Ende ist und sich selbst deshalb auch noch abwertet, versucht Maja manchmal, ihre Interpretationen und ihr Selbstbild zu hinterfragen. Sie schlägt ihr dann vor, die Dinge aus einer anderen Perspektive zu betrachten und sich klarzumachen, wie gut sie eigentlich alles regelt. Yvonne ist darauf jedoch kaum ansprechbar. Sie scheint zwar zu hören, was ihr Maja sagt, ▶

die Information bleibt aber nicht im Geringsten »hängen«. Maja ist dadurch auch immer wieder frustriert und nimmt sich vor, Yvonne in Zukunft »in ihrem Film zu lassen«, auch wenn es ihr leid tut, wie schlecht es ihr damit geht.

Ihnen ist vielleicht schon aufgefallen, dass auch bei strafenden Elternmodi ein ähnlicher Teufelskreis am Werk sein kann wie bei verletzlichen Kindmodi. Die Betroffenen haben das Gefühl, eigene Rechte nicht artikulieren zu dürfen oder sogar keinerlei eigene Rechte zu haben. Liebe Freunde, die es gut mit ihnen meinen, haben möglicherweise eine ganz andere Meinung. Ihnen sind die Bedürfnisse des Betroffenen wichtig und sie freuen sich, wenn dieser sie durchsetzt. Allerdings sind die Betroffenen auf diesem Ohr regelrecht taub, und alles gute Zureden und alle Ermutigung scheinen an ihnen abzuprallen. Oft vertreiben sie Menschen, die es gut mit ihnen meinen, weil ihre Selbstabwertung so extrem ist. Manchmal weitet sich die Strafneigung auch auf andere aus, wenn sogar andere Menschen abgewertet werden, weil diese sich für sie interessieren.

# 4 Bewältigungsmodi

In den Kapiteln zu Kindmodi und Elternmodi wurde beschrieben, welche schmerzlichen innerlichen Anteile Menschen entwickeln können, wenn sie in ihrer Kindheit und Jugend die Erfahrung machen mussten, nicht gemocht, überfordert, zum Versager abgestempelt oder misshandelt zu werden. In einem gewissen Maße kennt jeder Mensch bei sich solche Eltern- und Kindmodi. Mancher kann damit recht gut leben, weil sie sich nur selten zeigen und eher schwach ausgeprägt sind; andere Menschen hingegen »stolpern« immer wieder über schwere emotionale Probleme.

Ob häufig oder selten: Grundsätzlich haben Menschen verschiedene Möglichkeiten, mit solchen emotional schwierigen Erfahrungen umzugehen. In der Psychologie wird dabei von → Bewältigung gesprochen. Diese Bewältigung ist von Mensch zu Mensch sehr unterschiedlich und hängt auch häufig von Kindheitserfahrungen ab. Die Intensität der Bewältigungsmuster hängt meistens von der Intensität der Emotionen ab, die mit den Kind- und Elternmodi verbunden sind.

### Drei Bewältigungsmuster

Ganz grundsätzlich werden drei Arten von Bewältigungsmustern unterschieden, die sich allerdings oft überlappen. Fast immer lässt sich die Bewältigung einer schwierigen Situation als eines (oder einer Kombination aus mehreren) der folgenden drei psychischen Bewältigungsmuster verstehen:

- **Unterwerfung.** Mit dem eigenen Verhalten dem dysfunktionalen Elternmodus »gehorchen«
- **Vermeidung.** Gefühle und Probleme vermeiden, um sich nicht damit auseinandersetzen zu müssen
- **Überkompensation.** Sich ganz entgegengesetzt zu den Forderungen des dysfunktionalen Elternmodus verhalten; andere kontrollieren, dominieren, sich über sie stellen

Auf diese drei verschiedenen Möglichkeiten der Bewältigung wird in den folgenden Abschnitten jeweils ausführlicher eingegangen. Hier soll zunächst nur ein Überblick gegeben werden, wie sie sich voneinander unterscheiden.

**Unterwerfung.** Von Unterwerfung spricht man dann, wenn sich eine Person so verhält, als seien die Botschaften der dysfunktionalen Eltern- und Kindmodi vollkommen wahr und als gäbe es keine Alternative dazu, sich ihnen unterzuordnen. Menschen mit ausgeprägter Unterwerfung leiden oft stark unter den Gefühlen der dysfunktionalen Eltern- und Kindmodi.

**Fallbeispiel**

**Beispiel 1**

Andrea M. hat einen stark leistungsfordernden Elternmodus, der ihr vorschreibt, immer alles perfekt zu machen. Sie arbeitet nahezu Tag und Nacht. Sobald sie einmal keine Leistung bringt, z. B. weil sie eine Pause macht, spürt sie Druck und Versagensgefühle. Sie unterwirft sich ihrem leistungsfordernden Elternmodus fast völlig.

▶

**Beispiel 2**
Anita L. wurde in ihrer Kindheit sehr schwer sexuell missbraucht. Ihr Großvater und ihr Onkel haben sie über viele Jahre lang immer wieder vergewaltigt und sie als Schlampe beschimpft, die eh nichts Besseres verdient habe. Als junge Frau kann sich Anita L. nicht zur Wehr setzen gegenüber Männern, die mit ihr Sex haben wollen. Sie lässt den Sex über sich ergehen mit dem Gefühl, ohnehin nichts Besseres verdient zu haben und keine andere Behandlung erwarten zu können. Damit unterwirft sie sich ihrem strafenden Elternmodus.

**Beispiel 3**
Theo F. hat einen stark emotional fordernden Elternmodus, der dadurch entstanden ist, dass seine depressive Mutter von ihm als Kind immer wieder Unterstützung eingefordert hat. Theo ist heute Sozialarbeiter und opfert sich für seine Klienten auf, selbst wenn er sich dabei übermäßig belastet. Er hat für jeden ein offenes Ohr, auch wenn ihm überhaupt nicht danach ist, und nimmt zusätzliche Arbeiten und Aufträge oft auch noch nach Hause mit. Da seine Partnerin darüber nicht begeistert ist, gibt er sich auch hier besondere Mühe, schöne Dinge mit ihr zu planen und ihr in der wenig verbliebenen Freizeit so viel wie möglich recht zu machen. Er hat ständig das Gefühl, niemandem zu genügen und für andere uninteressant zu sein, solange er sich nicht um sie kümmert. Er unterwirft sich seinem emotional fordernden Elternmodus vollständig.

**Vermeidung.** Häufig kann man den schwierigen Gefühlen der Eltern- und Kindmodi entgehen, indem man sich gar nicht in Situationen begibt, in denen sie auftauchen könnten, oder indem man Substanzen wie Alkohol oder Beruhigungsmittel konsumiert, die negative Gefühle dämpfen. Von Vermeidung als Bewältigungsstrategie spricht man also immer dann, wenn die Betroffenen gezielt Dinge tun, um die negativen Emotionen der Eltern- und Kindmodi nicht zu spüren. Dies kann unterschiedliche Formen haben und beinhaltet vermeidende Verhaltensweisen (z. B. sozialen Rückzug oder

nicht arbeiten gehen) und Substanzgebrauch (Alkohol, Cannabis etc.) ebenso wie Tätigkeiten, die von Gefühlen ablenken, wie etwa exzessives Fernsehen oder Computerspielen.

**Fallbeispiel**

**Beispiel 1**

Paula Z. hat einen stark strafenden Elternmodus, der behauptet, dass niemand sie ausstehen könne und sie völlig unattraktiv sei. Sie wurde von klein auf von anderen Kindern wegen ihrer X-Beine und ihrer Akne gehänselt und von ihren Eltern immer mit ihrer sehr hübschen Schwester verglichen. Deshalb schämt sie sich sehr, wenn sie in Gesellschaft anderer Menschen ist. Sie vermeidet diesen Elternmodus entweder, indem sie sich sozial zurückzieht und gar nicht unter Menschen geht (Vermeidungsverhalten). Wenn sie doch ausgeht, beispielsweise mit Freunden etwas unternimmt oder auf eine Party geht, trinkt sie in der Regel große Mengen Alkohol, obwohl sie dies nicht möchte. Dann spürt sie die negativen Gefühle nicht mehr und fühlt sich relativ entspannt (emotionale Vermeidung durch Alkohol).

**Beispiel 2**

Bernd K. ist in der Schule immer alles leicht von der Hand gegangen. Dadurch und durch die starke Leistungsorientierung in seiner Familie hat er einen stark fordern den Elternmodus entwickelt. Im Studium ist er aber plötzlich »einer unter vielen«, er kämpft mit den gleichen Anfangsschwierigkeiten wie alle anderen, und kann die Anforderungen seines Elternmodus nicht mehr erfüllen. Mit der Zeit verbringt er immer weniger Zeit an der Uni. Stattdessen »verdaddelt« er seine Zeit, spielt viel »World of Warcraft« am PC, surft im Internet und schaut Fernsehen. Alle diese Verhaltensweisen können als Vermeidung betrachtet werden.

**Beispiel 3**

Katrin D. hat einen stark emotional fordernden Elternmodus, der ihr vermittelt, dass sie jederzeit für jeden zuständig, hilfsbereit und unterstützend sein sollte. Sie hat ihrer Nachbarin schon häufiger mit diversen alltäglichen Dingen geholfen. Dies ist ihr grundsätzlich auch recht, allerdings ist die Nachbarin immer so dankbar über die Ansprache, dass sie sich regelrecht an Katrin »klammert«, selbst wenn gar nichts zu erledigen ist. Am liebsten würde sie täglich mehrere Stunden mit Katrin plaudern.

Katrin schafft es nicht, ihr zu vermitteln, dass ihr dies zuviel ist und sie dafür keine Zeit hat. In letzter Zeit fällt Katrin auf, dass sie, bevor sie die Wohnung verlässt, zunächst durch den Spion schaut, ob die Nachbarin zufällig gerade im Treppenhaus unterwegs ist. Nur wenn »die Luft rein ist«, wagt sie sich nach draußen. Es ist auch schon vorgekommen, dass sie rasch wieder umgedreht ist, als sie schon im Treppenhaus war, weil sie die Nachbarin an der Haustür zu hören glaubte. Eigentlich müsste Karin der Nachbarin Grenzen setzen und die übertriebenen Ansprüche ablehnen. Da ihr dies jedoch so schwer fällt, weil es sich gegen ihren fordernden Elternmodus richtet, zieht sie den Weg der Vermeidung vor.

**Überkompensation.** Überkompensation bedeutet, dass jemand ein Defizit im Übermaß ausgleicht. Von Überkompensation als Bewältigungsmodus spricht man dann, wenn sich jemand so verhält, als sei genau das Gegenteil der Botschaften von verletzlichen Kindmodi und dysfunktionalen Elternmodi wahr. So kann sich etwa eine Per-

son, die sich minderwertig fühlt, ganz betont souverän und vielleicht sogar überheblich geben. Oder ein Mann, der sich sehr vor Ablehnung durch Frauen fürchtet, gibt den ganz besonderen Macho. Überkompensation kann grundsätzlich in verschiedenen Facetten auftreten. Gemeinsam ist allen Formen der Überkompensation, dass der Betroffene damit die Situation kontrolliert und beherrscht. Andere bekommen wenig Chancen, sich gegen ihn durchzusetzen.

**Fallbeispiel**

**Beispiel 1**

Marina T. hat in ihrer Kindheit sehr viel körperliche und sexuelle Gewalt erlebt. Wenn jemand anderer Meinung zu sein scheint, fühlt sie sich sofort extrem bedroht und vollkommen hilflos. ▶

Sie überkompensiert dies durch ein sehr aggressives Auftreten. Sobald sie das Gefühl hat, sich nicht durchsetzen zu können, wird sie laut, schreit den anderen an, versucht, ihn absichtlich einzuschüchtern, und wird in privaten Beziehungen manchmal sogar tätlich.

**Beispiel 2**

Holger F. ist ein kleiner, rundlicher, wenig attraktiver Mann, der als Sohn einer reichen Unternehmerfamilie aufgewachsen ist. Dieses Unternehmen musste jedoch in den letzten Jahren Insolvenz anmelden, so dass Holger seinen Wohlstand weitgehend verloren hat. Im Grunde seines Herzen fühlte sich Holger durch seine Statur und seine geringe Attraktivität gerade im Kreise seiner Familie immer minderwertig. Dieses Gefühl wird durch den Verlust seines Vermögens noch verstärkt. Er kompensiert dieses Minderwertigkeitserleben, indem er betont selbstbewusst und »machomäßig« auftritt. Für jeden Außenstehenden entsteht aber sofort der unmittelbare Eindruck, dass er sich eigentlich kümmerlich fühlt und den »dicken Auftritt« nötig hat.

Man muss dabei beachten, dass es grundsätzlich gut und wichtig ist, dass wir in der Lage sind, negative Emotionen zu bewältigen! Dadurch kommen wir mit Gefühlen häufig besser klar und können schwierige Situationen durchstehen. So kann der Einsatz von emotionaler Vermeidung manchmal sogar empfehlenswert sein. Dies kann bei einem Konflikt der Fall sein, bei dem die Chancen schlecht stehen, Ihre Interessen durchzusetzen. Ein Beispiel hierfür wäre ein Dauerstreit mit einem störrischen Nachbarn, der immer wieder Ihre Wäsche auf der Wäscheleine umhängt, wenn Sie nicht da sind: Da Sie ohnehin nicht mit ihm reden können und er für Sie persönlich nicht wichtig ist, lassen sich Streit und wütende Gefühle vermeiden durch Aufhängen der Wäsche auf dem eigenen Balkon, durch Ignorieren der umgehängten Wäsche und/oder durch Vermeidung von Gesprächskontakten mit dem Nachbarn.

Zum Problem wird ein Bewältigungsmodus erst dann, wenn er dazu führt, dass wir mit ihm unsere Bedürfnisse schlechter erfüllen können als ohne ihn. Dies wäre z. B. der Fall, wenn Sie nicht nur mit dem störrischen Nachbarn Gesprächskontakte bei Konflikten vermeiden, sondern grundsätzlich den Kontakt zu Menschen meiden, mit denen Sie in letzter Zeit einen Konflikt hatten – selbst wenn es für Sie wichtige Menschen sind, wie etwa Partner oder gute Freunde. Dann sorgt die vermeidende Bewältigung zwar wahrscheinlich auch dafür, dass Sie weniger negative Gefühle erleben; sie schadet jedoch langfristig auch Ihren wichtigen Beziehungen!

Vielleicht haben Sie durch die vorherigen Beispiele schon ein Gefühl dafür bekommen, zu welchen Bewältigungsmechanismen Sie selbst neigen. Dabei ist es durchaus normal, dass bei einer Person in verschiedenen Situationen auch verschiedene Bewältigungsmechanismen auftreten. Beispielsweise versucht eine Person mit stark forderndem Elternmodus, die mit vielen Aufgaben konfrontiert ist, vielleicht zunächst, allem gerecht zu werden. Wenn es zu viel wird, kippt es möglicherweise in Vermeidung, und vieles bleibt auf einmal liegen. Bei noch höherem Druck setzt vielleicht Überkompensation ein, und andere werden angeschnauzt, wenn sie nur ein kleines Anliegen haben.

Wie bei anderen problematischen Mustern können auch Bewältigungsmuster auf verschiedene Arten entstanden sein. In der Regel werden Bewältigungsmodi entwickelt, um schwierige Situationen zu »überleben«. Ein bestimmter Bewältigungsstil war in der Kindheit oder Jugend möglicherweise die beste Möglichkeit, sich vor Schwierigkeiten, Ablehnung oder Bedrohung zu schützen. Erst später im Leben wurde er dysfunktional. Zum anderen kann auch → Modelllernen vorliegen. Dies ist dann der Fall, wenn jemand als Kind beobachtet hat, wie eine andere Person auf ein bestimmtes Gefühl mit einem bestimmten Bewältigungsmuster reagiert hat. Beispielsweise war der Vater bedrohlich, und die Mutter hat sich dem immer unterworfen (Bewältigungsmuster der Unterwerfung), anstatt gesunde Grenzen aufzuzeigen.

Häufig liegt tatsächlich eine Kombination vor. Beispiel: Ein Kind fühlte sich vom Vater bedroht und hat bei der Mutter eine unterwerfende Bewältigung beobachtet. Dadurch hat es sich noch weniger sicher gefühlt, weil die Mutter es nicht schützte, und sich ebenfalls eine unterwerfende Bewältigung angewöhnt.

## 4.1 Unterwerfung

Wenn Menschen in einem sich unterwerfenden Muster sind, lassen sie zu, dass andere schlecht mit ihnen umgehen. Sie tun Dinge aufgrund von Forderungen oder Wünschen anderer, die sie gar nicht tun wollen – und bei denen sie »eigentlich« das Recht hätten, sie abzulehnen. Sie verhalten sich in privaten, sexuellen oder sonstigen Beziehungen gemäß den Wünschen anderer, obwohl dies nicht ihren eigenen Wünschen entspricht, oder sie überarbeiten sich, um den Ansprüchen ihres Elternmodus zu genügen.

In aller Regel können die Betroffenen recht gut spüren, dass sie mit diesen Verhaltensweisen eigentlich nicht glücklich oder zufrieden sind. Manchmal, insbesondere beim Eingehen von sexuellen Kontakten, die man eigentlich nicht wünscht, werden jedoch auch zusätzlich vermeidende Bewältigungsstrategien eingesetzt, zum Beispiel durch gleichzeitigen Alkoholkonsum. Dann sind die negativen Emotionen, wie z. B. Hilf- und Machtlosigkeit, nicht mehr so stark spürbar.

Denken Sie einmal darüber nach, an welchen Stellen Sie sich im Leben den Forderungen und Gefühlen der Eltern- und Kindmodi unterwerfen und gegen Ihren Willen Dinge tun, die Sie – objektiv betrachtet – eigentlich gar nicht unbedingt machen müssten. Was treibt Sie dazu, dies zu tun, wovor haben Sie Angst, wenn Sie sich besser abgrenzen? Wissen Sie, woher das kommt, wann und warum es sich in Ihrem Leben entwickelt hat?

Das Arbeitsblatt »Mein Bewältigungsmodus Unterwerfung« (in den Online-Materialien) können Sie durch eigene Beispiele ergänzen. Es kann Ihnen dabei helfen, Vor- und Nachteile von Unterwerfung sowie mögliche Handlungsalternativen näher kennen zu lernen.

Im Zusammenhang mit Unterwerfung tritt nicht selten ein Muster auf, das in der Klinischen Psychologie und Psychotherapie als Dependenz (oder dependentes Verhalten) bezeichnet wird. Davon wird gesprochen, wenn Menschen sich regelrecht von jemand anderem abhängig machen, indem sie wenig Verantwortung für ihr eigenes Leben übernehmen und stets den anderen brauchen, um Entscheidungen zu treffen oder sich sicher zu fühlen. Da dies in aller Regel mit stark unterwürfigem Verhalten einhergeht, gehen wir in diesem Abschnitt darauf ein. Im Kasten finden sich dazu einige Erläuterungen.

**Dependenz**

Dependenz bezeichnet das Phänomen, psychisch von anderen abhängig zu sein. Menschen mit einer dependenten Beziehung sind in diesen Beziehungen sehr unterwürfig. Sie treffen im Extremfall kaum selbstständig Entscheidungen, sondern überlassen dies lieber dem anderen. Typischerweise haben sie das Gefühl, nicht allein leben zu können – dafür nehmen sie es dann u. U. auch auf sich, Dingen zuzustimmen, die ihnen eigentlich nicht recht sind.

Sehr häufig zeigt sich Dependenz vor allem in Partnerschaften. Allerdings kommt es auch nicht selten vor, dass Menschen mit einer Tendenz zur Dependenz sich z. B. immer wieder Helfer suchen, von denen sie Entscheidungen für ihr Leben erwarten (z. B. Ärzte, Psychotherapeuten, alle Arten von »Seelsorgern«) oder sich die Dependenz in anderen privaten Beziehungen, häufig zu Verwandten (Mutter, Schwester) zeigt. Folgende Merkmale sind typisch für Dependenz (nach Fydrich et al., 1997).

- Die Betroffenen benötigen häufig Ratschläge oder Bestätigung von anderen, bevor sie alltägliche Entscheidungen treffen.
- Sie sind bei der Organisation wichtiger Lebensbereiche, wie z. B. Geldangelegenheiten, Kindererziehung oder Planung des Alltags, von anderen Personen abhängig.
- Es fällt ihnen schwer, anderen zu widersprechen, selbst wenn sie denken, dass diese Unrecht haben.
- Es fällt ihnen schwer, Aufgaben zu beginnen oder daran zu arbeiten, wenn ihnen niemand dabei hilft.
- Sie übernehmen oft freiwillig unangenehme Aufgaben, um die Versorgung und Zuwendung anderer Personen aufrechtzuerhalten.
- Sie fühlen sich im Allgemeinen unwohl, wenn sie allein sind.
- Wenn eine enge Beziehung endet, brauchen sie schnell einen anderen Menschen, auf den sie sich verlassen können.
- Sie denken oft darüber nach, allein gelassen zu werden und niemanden zu haben, der sich um sie kümmert.

▶

Solche Verhaltensmuster haben auf den ersten Blick vor allem Nachteile und »hohe Kosten«, da die Durchsetzung eigener Interessen für die Betroffenen sehr erschwert ist. Allerdings hat dependentes Verhalten auch Vorteile. So können die Betroffenen mit der Vermeidung von Entscheidungen auch Verantwortung vermeiden. Damit sind sie auch nicht »schuld«, wenn eine Entscheidung unerwartete negative Konsequenzen hat, oder für andere unangenehm ist. Wenn jemand für nichts wirklich zuständig und verantwortlich ist, dann kann er auch Kritik vermeiden!

Auf der anderen Seite können Menschen mit dependentem Verhalten auch andere Menschen an sich binden. Ihre Ergebenheit und Unterwürfigkeit vermittelt dem anderen nämlich auch, dass er sie niemals verlassen darf, weil sie ohne ihn der Welt hilflos ausgeliefert wären. Auch wenn viele ihrer Bedürfnisse zu kurz kommen, wird so zumindest das wichtige Bedürfnis nach Bindung und Zugehörigkeit erfüllt.

Allerdings ist dieses Modell, einen anderen Menschen durch dependentes Verhalten in einer Beziehung zu binden, in der Regel langfristig nicht sehr erfolgreich. Wenn in der Beziehung Probleme bestehen, lassen diese sich durch dependentes Verhalten möglicherweise eine Weile überspielen. Allerdings ist es langfristig nicht günstig für eine Beziehung, wenn die Verantwortung für Vieles einseitig bei einem der Partner liegt und Bedürfnisse und Grenzen nicht offen kommuniziert werden.

Wenn Sie zu dependenten Beziehungsmustern neigen, ist es für Sie vermutlich recht unangenehm und schwierig, dieses »einzugestehen« und einmal objektiv zu betrachten. Wenn Sie allerdings etwas daran ändern möchten, dann ist ein realistischer Blick auf dieses dependente Verhalten ganz wichtig. Denn auf der einen Seite wird es zwar lohnend für Sie sein, daran etwas zu verändern – insbesondere wird der Spielraum, mit dem Sie Ihr Leben gestalten, viel größer! Andererseits werden Veränderungen für Sie manchmal auch mühevoll sein und sich vor allem langfristig auszahlen. Daher sollten Sie wirklich wissen, was Sie (nicht mehr) wollen!

**Woran erkenne ich unterwerfende Bewältigungsmuster bei mir selbst?**

Die folgenden Punkte dienen dazu, einen Eindruck vom Ausmaß Ihrer Unterwerfung zu erhalten.

- Ich gebe mir größte Mühe, es anderen recht zu machen, um Konflikte, Auseinandersetzungen oder Zurückweisungen zu vermeiden.
- Ich verändere mich in Abhängigkeit von den Leuten, mit denen ich zusammen bin, damit sie mich mögen oder anerkennen.
- Ich lasse es zu, dass andere mich kritisieren und herabsetzen.
- Ich lasse anderen Leuten ihren Willen, anstatt meine eigenen Bedürfnisse auszudrücken.

Unterwerfung können Sie daran erkennen, dass Sie immer wieder Dinge tun, die Sie eigentlich nicht tun wollen, und auch nicht unbedingt tun müssten. Das Anfertigen der Steuererklärung ist vermutlich eine Tätigkeit, die kaum jemand mag. Dennoch ist dies sicherlich keine Unterwerfung in unserem Sinne, sondern eine möglicherweise widerwillige Erledigung von leider notwendigen Pflichten. Wenn Sie jedoch einseitig in Partnerschaft, Vereinen, Kindergarten etc. immer und immer wieder Aufgaben übernehmen, die eigentlich auf mehrere Schultern gehören, aber doch immer wieder nur bei Ihnen landen, dann sollten Sie sich durch den Kopf gehen lassen, ob Unterwerfung hier eine Rolle spielt. Stellen Sie dabei aber in Rechnung, dass die meisten Menschen ihre Beiträge und ihren Einsatz überschätzen (→ Balance in sozialen Beziehungen). Auch wenn Sie sich immer wieder auf sexuelle Praktiken einlassen, die Sie nicht wollen, oder mit Ihrem Partner nur ins Kino gehen, obwohl Sie viel lieber wandern würden, könnte Unterwerfung vorliegen.

Um dies festzustellen, können Sie überlegen, wie Sie sich fühlen würden, wenn Sie manche Aufgaben nicht übernehmen oder wenn Sie weniger auf die Wünsche Ihres Partners eingehen und stattdessen mehr eigene Wünsche äußern würden. Ein Hinweis auf Unterwerfung liegt vor, wenn Sie bei der Vorstellung, weniger »mitzumachen«, starke Angst (verletzlicher Kindmodus!) oder ein sehr schlechtes Gewissen (dysfunktionaler Elternmodus!) spüren.

Wichtig ist dabei, dass eine realistische Überprüfung der Situation eigentlich ergäbe, dass die negativen Gefühle oder das schlechte Gewissen unangemessen sind. Für eine »realistische Überprüfung« können Sie sich z. B. überlegen, was Sie denken würden, wenn ein Freund oder eine Freundin sich so unterwerfen würde und Sie ihm empfehlen würden, das einmal nicht zu tun. Wenn Sie bei dem Gedanken an sich selbst mit negativen Gefühlen reagieren, beim Gedanken an den Freund aber denken »Natürlich könnte er das auch einmal ablehnen!«, ist dies wiederum ein Hinweis auf Unterwerfung. Denn unsere dysfunktionalen Eltern- und Kindmodi wirken in aller Regel am stärksten, wenn es um uns selbst geht, und viel weniger stark oder auch gar nicht beim Gedanken an andere, insbesondere wenn wir den anderen gern mögen.

**Fallbeispiel**

**Unterwerfung oder nicht?**

**Beispiel 1.** Elke H. hat drei Kinder und ist halbtags berufstätig, ihr Freund arbeitet ganztags und oft auch abends und am Wochenende. Elke hat das Gefühl, dauernd zu »rotieren«, und sich um alles kümmern zu müssen: Andauernd sind die Kinder krank oder benötigen extra Unterstützung bei den Hausaufgaben, Fahrdienste zum Sport usw. Elke hat schon eine Haushaltshilfe gesucht, die zweimal in der Woche putzt und aufräumt, aber immer noch reißt die Menge von Aufgaben nicht ab …

Ist das Unterwerfung im Sinne eines Bewältigungsmodus? Wahrscheinlich eher nicht! Die Tatsache, dass Elke schon eine Haushaltshilfe eingestellt hat, spricht dafür, dass sie Aufgaben abgeben kann, und nicht das Gefühl hat, immer für alles persönlich zuständig zu sein. Darüber hinaus sind drei Kinder und Berufstätigkeit einfach eine hohe Belastung, die dauernde Liste neuer Aufgaben und Erledigungen ist leider normal. Um das zu überprüfen, braucht man nur an andere berufstätige mehrfache Mütter zu denken …

**Beispiel 2.** Katja M. hat ein mittlerweile 11-jähriges Kind und ist halbtags berufstätig. Wie alle berufstätigen Mütter hat sie viel zu tun. Dabei fällt ihr immer wieder auf, dass sie irgendwie alle zusätzlichen Aufgaben magisch anzuziehen scheint. Sie war Elternbeirat im Kindergarten und in der Grundschule – und jetzt hat sie sich im Gymnasium gerade wieder überreden lassen, obwohl sie fest dagegen entschlossen war und es ihr wirklich keinen Spaß macht! Aber sie konnte einfach den Druck und das aufsteigende Verantwortungs- und Schuldgefühl nicht aushalten, als sich nach zwei Minuten immer noch kein Kandidat gefunden hatte und auf einmal eine Bekannte auf sie schaute und sie vorschlug. Sie hilft auch ihrer Mutter viel im Haushalt und erledigt alle Einkäufe für sie – dabei wohnt Katjas kinderlose Schwester sogar näher bei der Mutter und hätte mit ihrem Job als Grundschullehrerin dafür auch mehr Zeit als Katja. Darüber ärgert sich Katja oft, aber sie hat es noch nie bei der Mutter angesprochen.

Neigt Katja zur Unterwerfung? Wahrscheinlich schon! Sie übernimmt eindeutig mehr Aufgaben und Verantwortung als andere, obwohl sie das nicht möchte. Der Grund, warum sie sich nicht abgrenzen kann, sind Schuld- und Verantwortungsgefühle, die andere Personen in derselben Situation offensichtlich nicht haben.

**Beispiel 3.** Nadine P. hatte einen sehr gewalttätigen alkoholkranken Vater, der sie als Kind schwer geschlagen hat. Ihr jetziger Partner ist ebenfalls Alkoholiker und gewalttätig, er war auch schon wegen schwerer Körperverletzung im Gefängnis. Wenn er von Nadine etwas verlangt, »springt« sie sofort. Sex mit ihm ist ihr oft zuwider, aber sie ergibt sich, weil sie sonst Gewalt befürchtet.

Neigt Nadine zur Unterwerfung? Absolut! Allerdings ist es wichtig, sich klarzumachen, dass sie in ihrer Partnerschaft auch in einer sehr gefährlichen Situation lebt. Um dies zu ändern, ist es wahrscheinlich nicht angemessen (viel zu gefährlich), dem Partner mehr eigene Wünsche mitzuteilen – er würde darauf womöglich mit noch stärkerer Gewalt reagieren! Stattdessen muss Nadine sich schützen und beispielsweise zunächst in ein Frauenhaus flüchten, wenn sie ihre Situation wirklich ändern will.

**Woran erkenne ich Unterwerfung bei anderen?**
In engen Beziehungen zeigt sich Unterwerfung z. B. dadurch, dass man das Gefühl hat, der Partner lese einem »alle Wünsche von den Augen ab«. Dies ist kurzfristig natürlich oft sehr angenehm. Langfristig kann es jedoch auch etwas lästig werden, wenn der Partner stark unterwürfig ist. Möglicherweise möchte man besser verstehen, was er selbst möchte, und nicht immer so unterwürfig »bedient werden«. Dies kann jedoch sehr schwierig sein, weil der andere immerzu daran orientiert zu sein scheint, was man selbst vermutlich am meisten möchte.

Beobachtet man unterwürfiges Verhalten in Beziehungen außerhalb der eigenen Beziehung, so entsteht häufig der Eindruck, dass der Betroffene ganz und gar »nach der Pfeife« des anderen tanzt. Es kann sein, dass man darauf selbst fast genervt reagiert und sich die Frage stellt: »Warum macht er eigentlich alles mit, warum lässt er sich alles gefallen, das ist doch gar nicht nötig?« Wenn man dann etwas mehr über die Geschichte des anderen weiß, kann man diese Frage, warum er es sich gefallen lässt, manchmal besser beantworten.

Wenn Menschen stark zur Unterwerfung neigen, kommt es oft vor, dass sie mit Menschen Beziehungen eingehen, die dies angenehm finden. Außerdem gewöhnt sich die Umwelt auch daran, jemanden zu haben, der ja scheinbar gern alle möglichen unangenehmen Dinge erledigt.

Wenn dann, nachdem sich alle schon lange damit arrangiert haben, der Betroffene versucht, Unterwerfung zu reduzieren, kann es sein, dass andere tatsächlich irritiert reagieren. Das heißt, womöglich bestätigen sich Ängste vor Kritik, Zurückweisung oder Ablehnung zumindest anfänglich tatsächlich! Es ist wichtig, sich klarzumachen, dass man manchmal einen solchen Teufelskreis (Unterwerfung ⇒ Erhöhung der Ansprüche des Umfeldes ⇒ weitere Unterwerfung etc.) durchbrechen muss, wenn man sich entscheidet, Unterwerfung zu reduzieren!

## 4.2 Vermeidung

Bewältigungsverhaltensweisen werden dann als Vermeidung eingeordnet, wenn die Hauptfunktion der Verhaltensweise darin besteht, schwierige Dinge zu vermeiden. »Schwierigen Dinge« kann dabei Verschiedenes meinen: Leistungsanforderungen, Konflikte, Kontakte mit bestimmten Personen oder Sozialkontakte im Allgemeinen, aber auch negative Gefühle oder negative Gedanken über sich selbst.

Die Verhaltensmuster, mit denen Menschen vermeiden können, haben eine große Bandbreite. Vermeidung im engeren Sinne meint, dass bestimmte Dinge nicht getan werden, also Situationen nicht aufgesucht werden, schwierige Themen nicht angesprochen werden etc. Darüber hinaus kann aber auch exzessive Ablenkung einen vermeidenden Charakter haben, zum Beispiel wenn sich jemand ununterbrochen mit Fernsehen, Computerspielen, Internet etc. beschäftigt, obwohl er sich eigentlich mit anderen Dingen befassen müsste. Manchmal sind solche Aktivitäten auch sehr stimulierend, z. B. wenn Pornos konsumiert werden. Darüber hinaus kann auch der Konsum von Medikamenten oder Drogen, insbesondere Alkohol, Cannabis oder Beruhigungsmittel wie Benzodiazepine (z. B. Valium®, Diazepam®, Tavor®), der Vermeidung von Gefühlen dienen. Manche Menschen neigen auch dazu, andauernd über alles Mögliche zu schimpfen und zu klagen, wobei man ihnen nicht unbedingt großes Leid anmerkt – sie scheinen sich eher an das dauernde Gemeckere gewöhnt zu haben, und dabei nicht mehr viel zu spüren. Auch solche Verhaltensmuster können manchmal als Vermeidung betrachtet werden. Beispiele für Verhaltensmuster, die oft mit Vermeidung zu tun haben, finden Sie im Kasten.

**Typisches Vermeidungsverhalten**

**Vermeidung im engeren Sinne.** Nichtaufsuchen von Situationen, Nichterfüllen von Aufgaben.
**Ablenkung.** Computerspiele, Internet, Filme schauen, laute Musik hören, zuviel arbeiten, zuviel Sport treiben.
**Selbststimulation.** Essen, Pornokonsum, Glücksspiel, gefährliche Sportarten, sonstige an- und aufregende Tätigkeiten.

▶

**Wahrnehmung dämpfen.** Unangenehme Gefühle vermeiden durch Alkohol und Drogen.
**Jammern und Schimpfen.** Stereotypes, gleichförmiges Schimpfen, Jammern, Meckern oder Motzen über alle möglichen Dinge. Wichtig ist dabei, dass die meckernde Person nicht eigentlich leidend oder wirklich wütend wirkt, sondern eher gewohnheitsmäßig jammert.
**Nichts von sich erwarten.** Es kann auch eine Form von Vermeidung sein, wenn man sich selbst keine Ziele steckt aus Angst, diese nicht zu erreichen, oder wenn man immer direkt sagt, dass man etwas nicht kann, um es nicht ausprobieren zu müssen.

**Fallbeispiel**

**Beispiel 1**
Dirk B., ein BWL-Student, hat starke soziale Ängste, da er als Schüler wegen seiner kleinen und pummeligen Figur von seinen Klassenkameraden sehr gemobbt wurde. Situationen im Studium fallen ihm auch deshalb schwer, weil sie ihn stark an die Schule erinnern. Obwohl er sein Übergewicht erfolgreich bekämpft hat und mittlerweile auch durchschnittlich groß ist, wird er das Gefühl von Minderwertigkeit nicht los.

Dirk neigt zu Vermeidung. So hat er sich wegen seiner Prüfungsängste immer wieder von Klausuren abgemeldet. Kontakte mit Kommilitonen vermeidet er, indem er sich in Vorlesungen stets an den Rand setzt und nach der Veranstaltung sofort geht, um sich nicht unterhalten zu müssen. Wenn Dirk zu einem Fest eingeladen wird, sagt er zwar meist zu, geht aber nicht hin. Stattdessen verbringt er seine Abende in der Regel mit Fernsehschauen und Internetspielen.

**Beispiel 2**
Maria P. hat große Angst vor Menschen. Ihr Vater war Alkoholiker und hat sie und ihre Mutter immer wieder geschlagen. Daher fühlt sie sich von anderen Menschen sehr leicht bedroht, selbst wenn dazu objektiv betrachtet kein Anlass besteht. Heute arbei- ▶

tet sie als Verkäuferin in einer Spielzeugboutique. Die Kunden sind manchmal anspruchsvoll und Maria P. fühlt sich immer wieder unter Druck und hat das Gefühl, dem nicht zu genügen. Schon vor einigen Jahren hat sie entdeckt, dass Alkohol ihre Ängste weitgehend vertreibt. Deshalb hat sie immer mindestens einen Piccolo, meistens eine Weinflasche griffbereit. Mit ca. einem viertel Liter am Vormittag kann sie die emotionale Belastung gut »abschalten«. Sie ahnt, dass sie vermutlich schon ein Alkoholproblem hat, wie ihr Vater. Meistens gelingt es ihr allerdings recht gut, das zu verdrängen.

**Beispiel 3**

Wenn Leonie S., 14 Jahre, unglücklich ist, muss sie einfach immer wieder essen. Bei Liebeskummer oder Stress in der Schule kommen schnell mal eine Tafel Schokolade und eine Tüte Gummibärchen an einem Nachmittag zusammen. Leonie weiß, dass das nicht gut ist. Es passiert jedoch ganz automatisch, dass sie immer wieder zu den Süßigkeiten greift. Dadurch fühlt sie sich irgendwie besser, oder zumindest spürt sie die negativen Gefühle nicht mehr so stark, solange sie isst.

### Woran erkenne ich Vermeidung bei mir selbst?

Auch zur Vermeidung gibt es einige Aussagen, mit denen Sie abschätzen können, wie stark dieses Muster bei Ihnen ausgeprägt ist.

- Ich fühle mich abgekoppelt (nicht im Kontakt mit mir selbst, meinen Gefühlen oder anderen Menschen).
- Ich möchte mich nicht auf andere Menschen einlassen.
- Ich arbeite viel oder treibe intensiv Sport, um nicht über unangenehme Dinge nachdenken zu müssen.
- Ich mache gern etwas Aufregendes oder Beruhigendes, um meine Gefühle zu vermeiden (z. B. Essen, Sex, Ausgehen, Fernsehen, Shoppen gehen).

Es erfordert manchmal eine etwas selbstkritische Reflexion der eigenen Verhaltensmuster, um sich Vermeidungsverhaltensweisen einzugestehen. Denn »eigentlich« weiß man es ja besser und kann durchaus sehen, dass dauerndes PC-Spielen, Essen, Vermeiden etc. nicht hilfreich ist, um im Leben weiter zu kommen.

Davon abgesehen ist es jedoch eigentlich recht leicht, Vermeidung zu identifizieren. Zum einen liegt Vermeidung vor, wenn Sie bestimmte Dinge, die eigentlich gut oder notwendig wären, schlicht nicht tun. Aber auch überall dort, wo man Dinge liegen lässt, obwohl sie wichtig wären, und sich stattdessen ablenkt oder mit unwesentlichen Sachen beschäftigt, könnte Vermeidung beteiligt sein. Wenn Sie immer wieder typische Verhaltensgewohnheiten haben, die Sie eigentlich selbst nicht leiden können, wie zum Beispiel zu viel zu naschen, in Gesellschaft zuviel zu trinken etc., prüfen Sie, ob der Sinn davon vielleicht Vermeidung sein könnte. Kann es sein, dass Sie immer dann zum Alkohol greifen, wenn Sie sich ängstlich und unsicher fühlen? Kann es sein, dass Sie immer dann naschen, wenn Sie unzufrieden mit Ihrem Leben sind oder sich leer fühlen und nicht wissen, was Sie mit sich anfangen sollen? Ist das Essen dann Beruhigung und Trost und lenkt Sie von den negativen Gefühlen ab? Das könnte ein Hinweis auf Vermeidungsmuster sein. Sie können es mit dem Arbeitsblatt »Mein Bewältigungsmodus Vermeidung« (in den Online-Materialien) leicht herausfinden, indem Sie sich vorstellen, wie es Ihnen in den entsprechenden Situationen gehen würde, wenn Sie das lästige Verhaltensmuster nicht ausführen würden.

### Woran erkenne ich Vermeidung bei anderen?

Bei anderen ist der Bewältigungsstil der Vermeidung häufig ebenfalls recht leicht zu erkennen. Wenn Sie den Eindruck haben, dass sich jemand regelmäßig vor belastenden Dingen »drückt«, wenn es absolut typisch für eine bestimmte Person ist, nicht zu sozialen Veranstaltungen zu kommen, obwohl sie diese zugesagt hatte, wenn jemand immer wieder zu spät kommt und dadurch nicht Gefahr läuft, bestimmte Aufgabe oder Diskussionen mitgestalten zu müssen, wenn sich Bekannte immer wieder nicht zu Prüfungen anmelden, sich der Abschluss eines Studiums ewig hinzieht etc. – bei all solchen problematischen Mustern spielt ganz häufig Vermeidung eine wichtige Rolle.

Wenn Sie eine Person etwas besser kennen, dann haben Sie vielleicht auch einen gewissen Einblick, wie die Vermeidungsmuster genauer aussehen. So hat möglicherweise der Freund, der wieder nicht zu einem Fest gekommen ist, wieder die Zeit vor dem Computer »vergessen«. Oder Sie wissen, dass Ihre Bekannte wahrscheinlich sofort, nachdem sie auf dem Fest aufgetaucht ist, angefangen hat, Alkohol zu trinken, um ihre Angst zu bekämpfen.

Überlegen Sie einmal, welche Vermeidungsmuster Ihnen in den letzten Wochen bei den Menschen in Ihrer Umgebung aufgefallen sind. Nutzen Sie hierfür die typischen Vermeidungsverhalten aus dem oben stehenden Kasten (S. 81). Sie werden überrascht sein, wie allgegenwärtig Vermeidung ist!

**Vermeidung in der Interaktion.** Wie viele andere Modi ist auch Vermeidungsverhalten häufig an Teufelskreisen beteiligt, die für die Betroffenen langfristig sehr schädlich sind. Zum einen kann es andere Menschen verärgern, wenn immer wieder Vermeidungsverhalten auftritt. Zum anderen führt Vermeidung sehr häufig dazu, dass berufliche oder private Ziele nicht gut erreicht werden können. Darüber hinaus fällt es Menschen, die ohnehin viel vermeiden, in der Regel auch schwerer als anderen, ein zufriedenstellendes Privatleben aufzubauen.

Der eigentliche Grund für Vermeidung sind in der Regel Gefühle von Ablehnung, Bedrohung oder mangelnder Zugehörigkeit. Wenn Menschen jedoch über Jahre stark vermeiden, führt dies tatsächlich dazu, dass die Betroffenen keine guten Freunde oder Beziehungen mehr haben und dass sie von wenigen Menschen wertgeschätzt werden. Das heißt, das ungünstige Bewältigungsmuster verstärkt letztendlich die negativen Gefühle, für deren Bewältigung es ursprünglich notwendig war!

**Fallbeispiel**

Dirk B. (s. S. 82) studiert mittlerweile im 3. Semester. Zu Beginn des Studiums hat er viel weniger neue Bekanntschaften gemacht als die meisten anderen Studenten, weil er Kontakte so stark vermeidet. Mittlerweile hat er das Gefühl, dass sich alle anderen kennen, aber er nicht dazu gehört. Das fühlt sich für ihn schrecklich an und er vermeidet immer mehr.

▶

Ähnlich ist es auch mit Prüfungen, Hausarbeiten und Klausuren. Die meisten anderen scheinen mehr oder weniger gut im Zeitplan zu liegen mit ihren Leistungen. Bei ihm hat sich dagegen mittlerweile ein ganzer Berg von Prüfungen und anderen Leistungen »angehäuft«, der noch erledigt werden muss. Dadurch fühlt er sich einerseits völlig überfordert, es ist ihm viel zu viel. Andererseits schämt er sich dafür, weil er sich seinen Kommilitonen gegenüber unterlegen vorkommt. Dieses Problem verstärkt seine Vermeidung noch mehr! Dirk kommt aus dem Grübeln darüber gar nicht mehr heraus, in letzter Zeit schläft er auch immer schlechter – dies sind bereits die ersten Symptome einer Depression.

## 4.3 Überkompensation

Von Überkompensation spricht man, wenn Menschen sich so verhalten, als sei genau das Gegenteil von den Gefühlen und Botschaften der Eltern- und Kindmodi wahr. Das bedeutet z. B., sich betont selbstbewusst zu geben, obwohl man sich eigentlich sehr unsicher fühlt; oder anderen gegenüber besonders bestimmt und dominant aufzutreten, weil man so das Gefühl bewältigen kann, selbst dominiert zu werden und hilflos zu sein. Manchmal wird auch von »kontraphobischem« Verhalten gesprochen. Das soll heißen, dass man sich gewissermaßen genau in die Verhaltensweisen oder Situationen stürzt, die man als ganz besonders belastend und schwierig empfindet.

Überkompensation wird von anderen Menschen in der Regel als sehr dominant, manchmal aggressiv, kontrollierend oder angeberisch empfunden. Im folgenden Kasten sind einige typische Muster aufgeführt, die in Form von Überkompensation auftreten können.

### Häufige Formen der Überkompensation

**Narzisstische Überheblichkeit.** Damit ist gemeint, dass man sich als großartig darstellt, sich selbst aufwertet, andere abwertet und sich so benimmt oder so ausdrückt, als wäre man viel klüger, erfolgreicher oder in anderer Weise besser als alle anderen Menschen. Solches Verhalten wird auch als angeberisch oder arrogant empfunden.

**Paranoide Kontrolle.** Menschen mit paranoid-kontrollierendem Bewältigungsstil sind misstrauisch und glauben, dass sie sich stets gegen Angriffe oder Übervorteilung wehren müssen. Dies bewältigen sie, indem sie anderen Personen Vorwürfe machen, sie kontrollieren und immerzu Verschwörungen gegen sich wittern und beklagen.

**Zwanghafte Kontrolle.** Manchmal bestehen Menschen, die innerlich sehr unsicher sind, in ihrer Überkompensation darauf, anderen alles ganz genau vorzuschreiben und genau zu kontrollieren, ob sie auch alles richtig machen. Von außen wird das als stur und eigensinnig erlebt.

**Aufmerksamkeitsuchendes Verhalten.** Insbesondere bei Frauen ist auch stark Aufmerksamkeit suchendes Verhalten nicht untypisch, früher wurde dies häufig auch als → »hysterisch« bezeichnet. Damit ist gemeint, sich in Szene zu setzen, sich dauernd in den Mittelpunkt zu spielen und es nicht zu ertragen, keine Aufmerksamkeit zu bekommen.

**Aggressivität.** Überkompensation kann sich auch in aggressivem Verhalten zeigen, insbesondere bei Menschen, die sich von anderen bedroht fühlen und viel Gefahr und Gewalt am eigenen Leibe erlebt haben. Typisch ist dann ein kalkulierender, gezielter Einsatz von Gewalt oder verbaler Einschüchterung, um andere einzuschüchtern und unter Kontrolle zu bekommen.

**Falschheit oder Verschlagenheit.** Menschen, die in einem sehr unsicheren Umfeld aufgewachsen sind, haben häufig gelernt, gezielt zu lügen oder andere zu manipulieren, um ihre Interessen durchzusetzen.

**Fallbeispiel**

**Beispiel 1: Narzissmus**

Markus L. ist Oberarzt auf einer psychotherapeutischen Station. Sein Team ist häufig gestresst von ihm, weil er immer wieder Mitarbeiter »vor versammelter Mannschaft« demütigend kritisiert. Außerdem ist er völlig von seiner großartigen Kompetenz überzeugt: Wenn Behandlungen mit Patienten, die er kaum kennt, nicht optimal laufen, gibt er mit großer Geste Anweisungen, die für die Therapeuten, die den Patienten kennen, häufig recht absurd klingen. Allerdings ist es keinesfalls möglich, Markus L. zu widersprechen, da er dann in aller Regel mit der erwähnten demütigenden Kritik reagiert. Hinter vorgehaltener Hand spricht sein Team von ihm als »dem Herrgott«.

**Beispiel 2: Zwanghafte Kontrolle**

Regina P. studiert im 7. Semester und muss immer wieder Referate gemeinsam mit Kommilitonen vorbereiten. Durch die Zusammenarbeit mit anderen fühlt sich Regina extrem unter Stress und wird dann regelrecht zwanghaft. Das bedeutet, dass sie alles an sich reißt und bei Aufgaben, die ihre Kollegen übernehmen, sehr rigide und engstirnige Vorstellungen hat. So kann sie es z. B. kaum ertragen, wenn der Zeilenabstand sich von ihren Vorstellungen unterscheidet oder wenn nicht alle Tabellen genau mittig formatiert sind. In Besprechungen spricht sie dann sehr viel und lässt sich kaum unterbrechen. Wenn ein Kommilitone ihr scherzhaft vorschlägt, doch mal etwas locker zu lassen, wird alles noch schlimmer. Sie spricht dann noch schneller und ist noch weniger bereit, Alternativen zu ihren Vorschlägen zuzulassen. Letztlich macht sie dadurch die Referate fast allein und büßt immer wieder auch Sympathien bei ihren Kommilitonen ein.

**Beispiel 3: Aggressivität**

Caroline S. ist in ihrer Kindheit sehr viel geschlagen und sexuell schwer missbraucht worden. In der Jugend ging es schlimm weiter, sie durchlief eine Drogenkarriere, lebte zeitweilig auf der Straße und arbeitete als Prostituierte. Sie ist eine sehr »toughe« ▶

Frau, die rasch laut und aggressiv wird und sich immer durchsetzt. Wenn jemand Caroline kritische Fragen stellt oder Äußerungen macht, die sie nur im Entferntesten als Kritik an sich oder ihren Freunden verstehen könnte, geht sie sofort zum Angriff über. Sie beschimpft denjenigen laut und schnell, macht ihm Vorwürfe und lässt durchblicken, dass sie durchaus bereit sei, ihn zu verprügeln, wenn er diese Frage oder Äußerung nicht sofort zurücknehme.

### Woran erkenne ich Überkompensation bei mir selbst?

Die folgenden Punkte erfassen verschiedene Facetten der Überkompensation:

- Ich tue Dinge, um im Mittelpunkt der Aufmerksamkeit zu stehen.
- Ich reagiere gereizt, wenn andere nicht das tun, was ich von ihnen erwarte.
- Es ist wichtig für mich, die »Nummer Eins« zu sein (z. B. der/die Beliebteste, Erfolgreichste, Reichste, Mächtigste).
- Indem ich anderen zeige, dass mit mir nicht zu spaßen ist, verschaffe ich mir Respekt.

Überkompensation bei sich selbst zu erkennen, ist oft gar nicht so einfach. Im Unterschied zu fast allen andern Modi, die in diesem Buch beschrieben sind – mit Ausnahme des gesunden Erwachsenen und des glücklichen Kindes – ist es bei Überkompensation in der Regel nämlich so, dass man sich währenddessen gar nicht so schlecht fühlt. Manchmal fühlt man sich sogar ausgesprochen gut, klüger als alle anderen, oder als hätte man volle Kontrolle über eine Situation. So tut die Überkompensation gewissermaßen ihren Dienst!

Dennoch berichten viele Betroffene, dass sie, wenn sie genau in sich hineinhorchen, den Zustand der Überkompensation auch nicht nur als angenehm empfinden. Sie haben in solchen Zuständen nämlich häufig auch das Gefühl, nicht in einem »guten Kontakt« mit sich zu stehen. Das bedeutet, sie spüren nicht genau, was sie eigentlich brauchen oder wollen, und sie fühlen sich nicht entspannt und gelassen. Häufig berichten sie, dass sie diffus spüren, dass sie den aktuellen Zustand ihres Selbst eigentlich nicht mögen. Möglicherweise haben sie das Gefühl, zu viel zu plappern oder sich aufzublasen – dabei haben sie jedoch keine klare Vorstellung, wie sie diesen Zustand unterbrechen können.

Typisch für Überkompensation ist, wie für alle anderen Bewältigungsstile auch, dass sie durch Stress und Belastung intensiviert wird. Wenn Sie vermuten, dass Sie, wie viele Menschen, gelegentlich mit Überkompensation reagieren, so versetzen Sie sich innerlich in eine typische Stresssituation. Überlegen Sie, wie Sie sich fühlen und welche Reaktionsmuster ablaufen. Kann es sein, dass überkompensatorische Muster eine Rolle spielen? Hierbei hilft Ihnen das Arbeitsblatt »Mein Bewältigungsmodus Überkompensation« (in den Online-Materialien).

Ein deutlicher Hinweis, dass Sie zu Überkompensation neigen, läge vor, wenn Sie schon öfter von anderen Menschen diesbezügliche Rückmeldungen bekommen haben. Wenn Ihnen schon öfters vorgeworfen wurde, dass Sie egoistisch, übermäßig dominant, herrisch oder viel zu laut seien, sollten Sie prüfen, ob das mit Überkompensation zu tun hat. Versetzen Sie sich in eine Situation, in der Ihnen dieser Vorwurf gemacht wurde, und spüren Sie nach, wie es Ihnen ging und ob Sie möglicherweise verletzliche Gefühle hinter einer dominanten oder aggressiven Fassade verbargen. Wenn Sie wissen, dass Sie solche Dinge schon vorgeworfen bekommen haben, aber Ihnen partout keine konkrete Situation dazu einfällt, dann fragen Sie einfach einen guten Freund, ob er Ihnen ein Beispiel sagen kann!

### Woran erkenne ich Überkompensation bei anderen?

In der Regel ist es sehr viel leichter, bei anderen einen überkompensierenden Zustand zu erkennen als bei sich selbst. Menschen in Überkompensation wirken aus der Außenperspektive aufgedreht, häufig unecht, sie geben unmäßig an oder kontrollieren sehr stark. Als Interaktionsbeteiligter oder Gesprächspartner fühlt man sich oft entweder in die Ecke gedrängt, kontrolliert oder gar bedroht. Bei narzisstischer Überkompensation fühlt man sich insbesondere abgewertet und hat den Eindruck, dass sich der andere übermäßig aufbläst.

Meistens erlebt man aus der Außenperspektive diesen Zustand des anderen als unangenehm und unsympathisch. Da dieser jedoch so stark und dominant ist, fällt es einem in der Regel schwer, den Bekannten oder Partner darauf anzusprechen. Dazu ist die Angst viel zu groß, im Rahmen des überkompensatorischen Musters »eingewischt zu bekommen«. Denn wenn jemand in einem überkompensatorischen Zustand ist, wird er auf Kritik vermutlich ebenfalls überkompensieren, das heißt herrisch, kontrollierend oder aggressiv reagieren.

Auch hier wird wieder der Teufelskreischarakter deutlich, der bei den meisten dysfunktionalen Modi vorliegt. Menschen entwickeln in der Regel Überkompensation, um das Erleben von Alleinsein, Hilflosigkeit, Bedrohung etc. zu reduzieren. Durch die Überkompensation kontrollieren, bedrohen und begrenzen sie jedoch andere, die dies wiederum als so unsympathisch erleben, dass sie sich häufig entweder zurückziehen oder Konflikte entstehen. Damit zementiert letztendlich die Überkompensation das zugrundeliegende Ursprungsproblem. Die Betroffenen bleiben weiterhin sehr allein und werden häufig nicht wirklich geliebt.

**Fallbeispiel**

Julia P. ist seit einigen Monaten mit ihrem neuen Freund zusammen. Beide haben in der Kindheit Vernachlässigung durch ihre Eltern erfahren. An Julia wurden von ihren Eltern immer nur Anforderungen gestellt. Dafür, wie es ihr wirklich geht, haben sie sich nie interessiert. Ihr Freund wiederum ist von seinen Eltern in der Kindheit heftig geschlagen worden. Er kann es kaum ertragen, wenn jemand kalt und herablassend mit ihm umgeht. Julia und ihr Freund sprechen viel über ihre Vergangenheit und sind sich gegenseitig eine große Unterstützung. Eines Tages kommt Julia gestresst von ihrer Ausbildung nach Hause.
Ihr Freund bemerkt nicht, wie schlecht es ihr geht. Er kündigt an, heute einen Fußballabend mit seinen Kumpels machen zu wollen. Julia fühlt sich gekränkt, unverstanden und im Stich gelassen (Modus des verletzten Kindes). Statt ihrem Freund zu sagen, wie sie sich fühlt, sagt sie mit kalter Stimme zu ihm: »Dann hau doch ab, ich will dich eh nicht sehen heute Abend« (Bewältigungsmodus Aggressivität). Ihr Freund ist daraufhin sehr verletzt und kann nicht verstehen, wie sie trotz des Wissens um seine Vergangenheit so mit ihm sprechen kann.

# 5 Der Modus des gesunden Erwachsenen

Der Modus des »gesunden Erwachsenen« ist gewissermaßen die übergeordnete Instanz, die einen einigermaßen unverzerrten Überblick über das psychische Geschehen hat. In der Tiefenpsychologie werden die Merkmale dieses Modus auch als »gesunde Ich-Funktionen« bezeichnet. Das bedeutet, dass Sie im Modus des gesunden Erwachsenen Situationen, Beziehungen und Gefühle angemessen erleben und einschätzen können. Eine kleine Zurückweisung wirft Sie dann z. B. nicht aus der Bahn, weil Sie einschätzen können, dass sie nicht »die Welt bedeutet«. Konflikte halten Sie aus und können sie auch austragen – allerdings wissen Sie auch, dass man auch mal eigene Bedürfnisse zurückstecken und Kompromisse eingehen muss, und Sie sind grundsätzlich in der Lage, eine Balance zwischen eigenen Interessen und den Bedürfnissen anderer Menschen zu finden. Da Sie in diesem Modus nicht von übermäßig negativen Gefühlen überwältigt werden, müssen Sie auch keine großen Anstrengungen unternehmen, um Gefühle zu vermeiden oder zu überkompensieren – das bedeutet, dass Sie in diesem Modus in aller Regel auch recht gut spüren, welche Gefühle von einer bestimmten Situation ausgelöst werden und wie Sie sich gerade fühlen. Alles in allem fühlen Sie sich in diesem Modus (relativ) erwachsen und können erwachsenen Interessen, Aufgaben und Vergnügungen nachgehen. Dies alles gilt »im Großen und Ganzen« – niemand ist perfekt!

Vielleicht ist Ihnen schon aufgefallen, dass der gesunde Erwachsene und das glückliche Kind gewisse Gemeinsamkeiten besitzen. Die wesentliche Gemeinsamkeit ist, dass es Ihnen psychisch im Großen und Ganzen gut geht, wenn Sie sich in einem dieser beiden Modi befinden. Der Unterschied ist, dass beim glücklichen Kind eher Leichtigkeit, Spaß und kindliches Vergnügen vorherrschen, während beim gesunden Erwachsenen eher erwachsene Freuden, aber auch Aufgaben und Pflichten gesehen werden können.

**Merkmale des gesunden Erwachsenenmodus**

- »gesunde Ich-Funktionen«
- realistische Einschätzung von Situationen, Konflikten, Beziehungen u. Ä.
- wird bei kleinen Problemen nicht von negativen Gefühlen überwältigt
- kann aktuelle Gefühle spüren
- kann eigene und fremde Interessen wahrnehmen und eine Balance finden
- geht Verpflichtungen ein, erledigt Aufgaben und Pflichten
- sucht nach konstruktiven Lösungen, wenn Probleme auftreten
- geht erwachsenen Vergnügungen und Interessen nach

Alles in allem zeigt sich dabei immer wieder, dass Menschen mit einem starken glücklichen Kindmodus meist auch einen starken gesunden Erwachsenenmodus haben und umgekehrt. Bei Menschen mit starken dysfunktionalen Kind- und Elternmodi ist der gesunde Erwachsenenmodus oft eher schwach entwickelt. Dementsprechend haben Menschen mit starkem gesunden Erwachsenenmodus in der Regel auch weniger psychische Probleme, als wenn der gesunde Erwachsenenmodus sehr schwach ist.

Die wichtigste Voraussetzung für die Entwicklung eines starken gesunden Erwachsenenmodus ist die Erfüllung der wichtigsten kindlichen und menschlichen Bedürfnisse in Kindheit und Jugend (s. Kap. 2, S. 19). Wenn wir als Kinder vermittelt bekommen haben, dass wir liebenswert sind und ein Recht auf unsere eigenen Bedürfnisse haben; dass es uns gestattet ist, unsere Gefühle frei auszudrücken, ohne dass wir deshalb ausgelacht oder bestraft werden; dass wir autonom sein können, aber auch Grenzen erfahren – dann wurde ein gutes Fundament für den gesunden Erwachsenenmodus gelegt. Umgekehrt gilt leider das Gleiche – wem all diese Erfahrungen nicht vergönnt waren, der hat es sehr viel schwerer, einen starken gesunden Erwachsenenmodus auszubilden.

**Fallbeispiel**

**Beispiel Anne R.**

Anne R. kennen Sie schon aus dem Kapitel zum glücklichen Kindmodus (s. Abschn. 2.3) – sie und ihr Mann sind beide berufstätig und versorgen ihre drei Kinder gemeinsam. Dazu benötigt sie nicht nur einen glücklichen Kindmodus zum Ausgleich, sondern auch einen starken gesunden Erwachsenenmodus. Dadurch kann sie Prioritäten setzen, weil nicht jedes Problem sie »aus der Bahn wirft«; sie kann auf ihre Familie eingehen, aber auch zum Ausdruck bringen, wenn sie Ruhe oder Erholung benötigt. Außerdem hat sie dank ihres gesunden Erwachsenenmodus genug Disziplin, um regelmäßig Sport zu treiben – dies kann ein wichtiger Beitrag zu einer guten psychischen Stabilität sein.

**Beispiel Rosemarie L.**

Auch die kinderliebe Rosemarie L. kennen Sie schon aus Kapitel 2 (s. Abschn. 2.3). Sie steckt seit vielen Jahren viel Herzblut und Leidenschaft in ihren Beruf und hat viele Jahre eher dazu geneigt, sich zu sehr aufzuopfern (emotional fordernder Elternmodus). Nach einem Bandscheibenvorfall hat sie allerdings gelernt, auch besser auf sich zu schauen, und nicht, wie vorher, all ihre Energie in die Versorgung anderer zu stecken. Mittlerweile achtet sie daher gut darauf, auch für sich selbst Erholungsphasen einzuplanen. Sie hat mit Walken begonnen und geht wöchentlich in die Sauna; außerdem hat sie zwei Freundschaften etwas eingeschränkt, die sie eigentlich schon seit Jahren als belastend erlebte, weil von den Freundinnen immer wieder ihre Unterstützung gesucht wurde, aber umgekehrt diese nicht für sie da waren, wenn sie sie eigentlich gebraucht hätte.

### Woran erkenne ich den gesunden Erwachsenenmodus bei mir selbst?

Im gesunden Erwachsenenmodus fühlen Sie sich insgesamt gut. Das heißt nicht, dass Sie in diesem Modus nichts belastet – aber alltägliche Belastungen werden nicht als überwältigend erlebt. Wichtig ist, dass Sie im gesunden Erwachsenenmodus mit sich »im Kontakt« sind. Das heißt, Sie spüren Ihre Gefühle; Sie spüren Ihre aktuellen Bedürfnisse und was Sie eigentlich gerade brauchen. Sie haben insgesamt einen guten Zugang zu Ihrem inneren Erleben. Im gesunden Erwachsenenmodus sind Sie nicht (oder nur wenig) innerlich angespannt, und Sie benötigen keine Vermeidung oder übertriebene Aufopferung, um mit Problemen oder Konflikten fertig zu werden. Die folgenden Punkte beschreiben den gesunden Erwachsenenmodus:

- Ich weiß, wann ich meine Gefühle äußern sollte und wann nicht.
- Ich kann Probleme rational lösen, ohne von meinen Gefühlen überwältigt zu werden.
- Ich finde, dass ich genügend Stabilität und Sicherheit in meinem Leben habe.
- Ich kann für mich selbst einstehen, wenn ich das Gefühl habe, zu Unrecht kritisiert, missbraucht oder ausgenutzt zu werden.

Die Förderung und Verstärkung des gesunden Erwachsenenmodus ist für sehr viele Menschen ein wichtiges und sinnvolles Ziel. Überlegen Sie deshalb, wann und wie Sie leicht in diesen Modus kommen – das kann Ihnen dabei helfen, ihn im Verlauf immer mehr zu entwickeln und zu intensivieren! Das Arbeitsblatt »Mein gesunder Erwachsenenmodus« kann Ihnen dabei helfen.

- Bei welchen Aktivitäten, in welchen Situationen bin ich meistens im gesunden Erwachsenenmodus?
- Gibt es bestimmte Personen, mit denen es mir leichter fällt, im gesunden Erwachsenenmodus zu sein?
- Wie kann ich die Stimmung, das »Grundgefühl« beschreiben, das zum gesunden Erwachsenenmodus gehört?

Wie immer geht es dabei nicht um Alles-oder-Nichts, sondern darum, welche Faktoren Ihren gesunden Erwachsenenmodus grundsätzlich unterstützen. Kein Mensch ist immer nur in einem absolut gesunden Erwachsenenmodus, dies wäre eine vermessene und unrealistische Ideal- oder Zielvorstellung!

### Woran erkenne ich den gesunden Erwachsenenmodus bei anderen Menschen?

Bei anderen Menschen ist der gesunde Erwachsenenmodus präsent, wenn diese Person realistisch und angemessen mit der aktuellen Situation umzugehen scheint. Sie haben den Eindruck, dass sie Dinge recht klar sieht und beispielsweise nicht verzerrt durch übermäßige Selbstkritik (strafender Elternmodus), durch extreme emotionale Verletzlichkeit (verletzlicher Kindmodus) oder »abgeschottet ist« durch das Vermeiden von Emotionen (vermeidende Bewältigung).

Sie haben dann das Gefühl, dass Sie auch kritische Punkte oder Konflikte ansprechen können, ohne dass der andere dies in den »falschen Hals« bekommt, darauf übertrieben empfindlich reagiert oder vielleicht auch Ihre Botschaften – i. S. einer vermeidenden Bewältigung – einfach weit von sich weist oder zu ignorieren scheint.

In Bezug auf Kontakte mit anderen ist es mit dem gesunden Erwachsenenmodus ähnlich wie beim glücklichen Kindmodus: Während die anderen Modi (dysfunktionale Kind- und Elternmodi) häufig negative Gefühle hervorrufen und Beziehungen belasten, bewirkt der gesunde Erwachsenenmodus genau das Gegenteil. Er ermöglicht gute und belastbare Beziehungen, eine kooperative und erfolgreiche Zusammenarbeit mit anderen Menschen ist möglich, und Konflikte führen nicht dazu, dass alles »zusammenbricht«. Menschen mit starkem gesunden Erwachsenenmodus haben dadurch nicht nur relativ wenige psychische Probleme, sondern sind auch beliebter und es fällt ihnen leichter, Freundschaften und Beziehungen zu führen als Menschen mit schwachem gesunden Erwachsenenmodus. Diese guten Kompetenzen für ein selbstbestimmtes (soziales) Leben verstärken natürlich im Gegenzug auch wieder den gesunden Erwachsenenmodus, sodass hier eine immer weiterführende positive Rückkopplung besteht!

### Wie kann ich den gesunden Erwachsenenmodus von den anderen Modi unterscheiden?

Wahrscheinlich ist Ihnen gerade bei der Lektüre dieses Kapitels aufgefallen, dass es gar nicht so einfach ist, die verschiedenen Modi immer genau zu unterscheiden. Der gesunde Erwachsenenmodus wird unter anderem mit der erfolgreichen Erfüllung von Aufgaben und Pflichten in Verbindung gesetzt – aber wie lässt sich das unterscheiden vom leistungsfordernden Elternmodus, der doch auch nichts anderes tut, als Pflicht- und Aufgabenerfüllung einzufordern? Der gesunde Erwachsenenmodus kann Ärger ausdrücken – aber was ist dann mit dem ärgerlichen Kindmodus, der drückt doch auch Ärger aus? Oder wie ist es mit der Vermeidung von Gefühlen – die wurden bisher nur mit der vermeidenden Bewältigung in Verbindung gebracht; dabei ist es doch manchmal ganz wichtig und gesund, Gefühle nicht an sich heranzulassen, z. B. wenn man ungerechtfertigt in der Öffentlichkeit kritisiert oder gedemütigt wird!

Diese Fragen sind wichtig und wahrscheinlich lässt sich manchmal nicht mit letzter Sicherheit beantworten, welcher Modus gerade aktiv ist. Zumal auch mehrere Modi gleichzeitig auftreten können … z. B. fühle ich mich verletzt und zurückgewiesen (verletzlicher Kindmodus), obwohl ich »vom Kopf her« genau weiß, dass der andere mich mag und mich nicht zurückweisen möchte (gesunder Erwachsenenmodus).

Dennoch gibt es eine wichtige Daumenregel, anhand derer man mit guter Treffsicherheit entscheiden kann, ob der gesunde Erwachsenenmodus präsent ist oder doch einer der dysfunktionalen Modi. Das Schlüsselwort heißt dabei wieder »Bedürfnisse«. Wenn ein bestimmtes Handlungs- und Gefühlsmuster damit einhergeht, dass Sie Ihre eigenen Bedürfnisse befriedigen können, aber in einer guten Balance dazu auch die Bedürfnisse der anderen wahrnehmen, ist der gesunde Erwachsenenmodus beteiligt. Dazu müssen Sie sowohl Ihre Gefühle als auch die Gefühle der anderen spüren können – d. h., eine gute Gefühlswahrnehmung gehört auch dazu! Wenn hingegen ein Handlungs- und Gefühlsmuster einseitig entweder die eigenen Bedürfnisse oder die Wünsche der anderen berücksichtigt, sind eher → dysfunktionale Modi beteiligt. Dann werden auch häufig einseitig nur bestimmte Gefühle wahrgenommen – oder gar keine! Die folgende Tabelle gibt eine Zusammenfassung der wichtigsten Unterscheidungsmerkmale vom gesunden Erwachsenenmodus zu anderen, dysfunktionalen Modi.

**Tabelle 5.1** Unterscheidungsmerkmale vom gesunden Erwachsenenmodus zu anderen, dysfunktionalen Modi

| | **Gesunder Erwachsenenmodus** | **Dysfunktionale Modi** |
|---|---|---|
| **Pflichterfüllung, Disziplin** | Erfüllt Aufgaben und ist diszipliniert, aber beachtet eigene Grenzen und Bedürfnisse *Beispiel: Ist ehrgeizig und erfüllt Aufgaben; kann aber auch Pausen machen und Erholungsphasen einlegen* | Fordernder Elternmodus überfordert und verlangt zu viel Disziplin und Pflichterfüllung *Beispiel: Ist ehrgeizig und arbeitet ununterbrochen; kennt keine Interessen außer Arbeit, hohes Burnout-Risiko* |
| **Selbstkritik** | Kann Selbstkritik üben, ohne sich deshalb zu hassen *Beispiel: Erkennt eigene Schwächen und versucht, daran zu arbeiten; hält sich deshalb aber nicht für wertlos* | Strafender Elternmodus übertreibt mit Selbstkritik, hasst sich selbst, legt sich durch Verbote selbst lahm *Beispiel: Hält sich für wertlos, sobald eine eigene Schwäche erkennbar wird* |
| **Genuss, über die Stränge schlagen** | Weiß, dass es auch wichtig ist, zu genießen und nicht immer diszipliniert zu sein; bleibt aber im »sozial verträglichen« Rahmen *Beispiel: Geht manchmal luxuriös essen oder kauft aus reiner Lust neue Schuhe;* | Undisziplinierter, impulsiver, verwöhnter Kindmodus erfüllt eigene Bedürfnisse ohne Rücksicht auf andere oder langfristige negative Konsequenzen *Beispiel: Kauft häufig neue Kleider, obwohl das Konto im Minus ist* |

**Tabelle 5.1** (Fortsetzung)

| | Gesunder Erwachsenenmodus | Dysfunktionale Modi |
|---|---|---|
| | *Kontostand bleibt dabei im schwarzen Bereich* | |
| **Ausdruck von Ärger** | Drückt auch Ärger aus, allerdings auf »sozial verträgliche« Weise<br>*Beispiel: Nimmt Freundin zur Seite, um ihr sachlich mitzuteilen, was sie ärgert* | Ärgerlicher Kindmodus platzt unkontrolliert und produziert dabei u. U. »teure Scherben«<br>*Beispiel: Explodiert scheinbar plötzlich mitten auf einer Party, nachdem sich lange Ärger angestaut hatte* |
| **Vermeidung von Gefühlen** | Kann Vermeidung als Strategie einsetzen; wird aber nicht durch extreme Vermeidung an wichtigen Dingen gehindert<br>*Beispiel: Ist in der Regel mit Gefühlen in Kontakt; schaltet ab, wenn der launische Chef einen schlechten Tag hat und deshalb herum brüllt* | Vermeidender Bewältigungsmodus vermeidet jede Art von Emotion und verhindert damit wichtige Beziehungen, Erfahrungen, Entwicklungen<br>*Beispiel: Ist aus Angst vor Kritik in allen Kontakten distanziert; auch gegenüber Freunden und zuverlässig freundlichen Menschen* |
| **Übernahme von Kontrolle** | Schreckt nicht vor Kontrolle zurück; bleibt aber flexibel und berücksichtigt | Überkompensations-Modi beharren auf Kontrolle, bevormunden andere, sind |

▶

**Tabelle 5.1** (Fortsetzung)

| | **Gesunder Erwachsenenmodus** | **Dysfunktionale Modi** |
|---|---|---|
| | auch die Interessen der anderen *Beispiel: »Übernimmt das Kommando«, als deutlich wird, dass der Umzug, bei dem sie hilft, gar nicht koordiniert ist; überlässt das Kommando gerne wieder der dafür vorgesehenen Person, als diese verspätet eintrifft* | unflexibel *Beispiel: Muss immer und überall das Kommando übernehmen und geht damit seiner Umwelt immer wieder auf den »Wecker«* |

# Teil II

# Innere Anteile verändern

# 6 Verletzliche Kindmodi heilen

Schon Sigmund Freud formulierte (als wichtiges Ziel seiner Therapie), dass Menschen lernen müssen, »sich selbst Mutter und Vater zu werden«. Dazu sind zwei Punkte wichtig: Zunächst müssen Sie Kontakt zu Ihrem verletzlichen Kindmodus bekommen, um dann zu lernen, wie Sie sich besser darum kümmern können.

Zugang oder Kontakt zu Ihrem verletzlichen Kindmodus herzustellen fällt Ihnen vielleicht gar nicht so leicht. Viele Menschen berichten, dass sie sich an ihre Kindheit kaum erinnern können oder dass es ihnen sehr schwer fällt, sich damit zu beschäftigen. Viele Menschen lehnen ihre Kindmodi stark ab, manche hassen sich regelrecht für die damit verbundenen Gefühle. Diese Haltung führt jedoch langfristig nicht dazu, dass diese Gefühle gelindert werden. Beim zweiten Schritt, dem Aufbau von Fürsorge für Ihren verletzlichen Kindmodus, ist es zunächst wichtig, dass Sie Ihr »inneres Kind« akzeptieren, auch wenn dies schwierig ist. Versuchen Sie herauszufinden, wann es sich meldet, und welche Bedürfnisse es hat. Mit der Zeit werden Sie besser verstehen, was es Ihnen sagen möchte.

## 6.1 Kontaktaufnahme mit verletzlichen Kindmodi

Es gibt verschiedene Wege, um mit Ihrem verletzlichen Kindmodus Kontakt aufzunehmen. Der beste Weg sind sogenannte Imaginationsübungen. Dies sind Übungen, bei denen man in seiner Fantasie eigene Gefühle mit bestimmten Bildern oder Vorstellungen in Verbindung bringt. Unsere Gefühle und Erinnerungen sind sehr eng miteinander verknüpft. Wenn Sie immer wieder unter Gefühlen wie Traurigkeit oder Einsamkeit leiden, die nach der oben angeführten Beschreibung zu einem verletzlichen Kindmodus gehören könnten, können Sie diese möglicherweise mit einer gedanklichen Reise in die Vergangenheit (Imaginationsübung) besser verstehen.

**Übung**

**Meinem verletzlichen Kindmodus »auf die Spur kommen«**

Schließen Sie die Augen, entspannen Sie sich, und versetzen Sie sich in eine Situation, in der Sie kürzlich waren und in der ein negatives Gefühl auftrat, das mit Ihrem verletzlichen Kindmodus verbunden ist. Versuchen Sie, die Situation innerlich nachzuerleben und das Gefühl möglichst deutlich zu spüren. Wenn Sie das Gefühl spüren, löschen Sie die aktuelle Situation vor Ihrem inneren Auge und gehen in Ihre Vergangenheit zurück. Warten Sie ab, welche Bilder und Erinnerungen auftauchen, spüren Sie Ihren kindlichen Gefühlen nach, die zu diesen Bildern gehören. Prüfen Sie Gemeinsamkeiten und Unterschiede zu heutigen Gefühlen.

**Fallbeispiel**

Ursula M. ist eine Realschullehrerin mit einem starken verletzlichen Kindmodus, der dadurch entstand, dass sie in der Schule viel gehänselt wurde. In ihrem Beruf lösen Konflikte mit Schülern den verletzten Kindmodus aus. Heute hat sie drei Stunden in einer schwierigen und aufsässigen 9. Klasse unterrichtet. Nachmittags fühlt sie sich ausgelaugt, abgelehnt, allein und verzweifelt. Sie legt sich aufs Sofa, schließt die Augen, akzeptiert und spürt diese Gefühle. Dann geht sie in Gedanken in ihre Kindheit. Nach einigen Sekunden »landet« sie in einer Szene, die sie schon lange vergessen hatte. Auf einer Klassenwanderung war sie gestolpert und hatte ihre Brille zerbrochen. Ohne Brille war ihr der Heimweg wegen der Sehprobleme schwer gefallen, die Lehrerin musste sie an die Hand nehmen, die anderen Kinder hatten sie deshalb ausgelacht. Daheim hatte ihre Mutter kein Verständnis gezeigt, sondern nur furchtbar darüber geschimpft, dass die Brille kaputt gegangen war. Die damaligen Gefühle waren so ähnlich wie die, die sie heute in der Klasse erlebt hatte.

Vielleicht haben Sie anfangs ein bisschen Angst davor, den Kontakt zu Ihrem Kindmodus direkt über eine belastende Situation aufzubauen. Die folgende Übung kann dann ein guter Einstieg sein. Dabei können Sie sich zunächst wieder an Ihr »Kleines-Ich« annähern und den Gefühlen ihm gegenüber nachspüren.

**Übung**

**Fantasiereise zum Kleinen-Ich**

Für diese Übung ist es sehr wichtig, dass Sie sich an einem ruhigen Ort befinden, an dem Sie bequem sitzen können. Stellen Sie zunächst sicher, dass Sie für mindestens 20 Minuten nicht gestört werden. Lesen Sie zunächst die Anleitung für diese Übung ganz durch. Dann schließen Sie die Augen und entspannen Sie sich. Stellen Sie sich vor, wie Sie einen Feldweg entlang gehen. Links und rechts sind grüne Wiesen, die Sonne scheint und ein leichter Wind weht. Sie gehen einen gewundenen Weg entlang, der in einigen hundert Metern hinter einem Berg verschwindet. Stellen Sie sich möglichst intensiv vor, wie sich Ihre Schritte auf dem Boden anfühlen und wie Sie den leichten Wind und die Sonne auf Ihrem Gesicht spüren. Verweilen Sie in diesem Bild für eine Weile, solange bis Sie zur Ruhe gekommen sind und sich vollständig entspannt haben.

Nach einiger Zeit sehen Sie in Ihrer Vorstellung ein kleines Kind hinter dem Berg hervorkommen, das Ihnen auf dem Weg entgegen kommt. Es ist vielleicht fünf oder sechs Jahre alt. Sie laufen langsam weiter und sehen das kleine Kind immer näher kommen. Nach einiger Zeit erkennen Sie, dass es sich bei dem Kind um Sie selbst handelt. Das »Kleine-Ich« kommt näher und näher. Nehmen Sie sich die Zeit, es ganz in Ruhe zu betrachten und ihm entgegen zu gehen. Wenn Sie sich schließlich auf dem Weg begegnen, dann nehmen Sie sich die Zeit, es freundlich zu begrüßen. Vielleicht möchten Sie ihm freundlich über den Kopf streichen oder es in den Arm nehmen. Es kann auch sein, dass Sie zunächst ein wenig Abstand halten möchten. Versuchen Sie sich diese Szene möglichst lebhaft auszumalen: Wie sieht Ihr »Kleines-Ich« genau aus? Wie fühlt sich diese Begegnung für Sie an? Vielleicht gibt es auch etwas, das Sie dem »Kleinen-Ich« sagen möchten oder Sie setzen sich für eine Weile mit ihm auf die Wiese, um zu spielen. Nehmen Sie sich einige Minuten Zeit für diese Begegnung.

▶

Wenn Sie das Gefühl haben, dass es für Sie in Ordnung ist, dann verabschieden Sie sich von dem »Kleines-Ich«. Möchten Sie ihm etwas mit auf den Weg geben? Langsam sehen Sie zu, wie die/der Kleine den Weg entlang zurückgeht. Dann kommen Sie langsam zurück in die reale Welt, indem Sie zunächst spüren, wie Ihr Körper sich beim Sitzen anfühlt, wie Ihre Füße mit dem Boden Kontakt haben. Dann öffnen Sie langsam wieder die Augen.

Nach dieser Übung kann es aufschlussreich sein, sich die folgenden Fragen zu stellen:

- Wie hat sich die Begegnung mit Ihrem »Kleinen-Ich« für Sie angefühlt? Machen Sie sich Notizen zu den Gefühlen und Gedanken, die diese Übung bei Ihnen ausgelöst hat.
- Was hat sich das »Kleine-Ich« von Ihnen gewünscht, was hat es gebraucht?
- Gibt es etwas, was Sie dem »Kleinen-Ich« mit auf den Weg geben wollten? Einen Gegenstand (z. B. eine Schmusedecke), einen Rat oder Trost?

Selbstverständlich können Sie diese Übung abwandeln. Beispielsweise können Sie Ihr »Kleines-Ich« in Ihrem alten Kinderzimmer oder an einem anderen wichtigen Ort besuchen. Sie können mit ihm einen Rundgang durch das Haus machen, in dem Sie als Kind gelebt haben, und dabei evtl. auch Personen treffen, die früher eine Rolle für Sie gespielt haben (Eltern, Geschwister, Klassenkameraden, Lehrer etc.).

**Kontaktaufnahme über Erinnerungsstücke.** Gegenstände wie z. B. alte Kuscheltiere, Briefe oder Fotos sind ebenfalls sehr gut geeignet, um mit kindlichen Gefühlen wieder in Kontakt zu kommen. Unsere Erinnerungen und Gefühle sind eng mit Sinneswahrnehmungen verknüpft. So kann z. B. ein bestimmtes Parfüm die Erinnerung an die Großmutter lebendig werden lassen, oder ein altes Bild lässt in Gedanken eine Szene aus Ihrer Kindheit wieder deutlicher werden. Versuchen Sie, die Gefühle, die bei dem Kontakt mit den Gegenständen aufkommen, möglichst deutlich wiederaufleben zu lassen. So können Sie den Zusammenhang zwischen aktuellen problematischen Gefühlen und Ihrer eigenen Biografie besser erforschen.

Fallbeispiel

**Sebastian E.** (s. Abschn. 2.1)
Nach dem Vorfall in der Teamsitzung, in der Sebastian E. über das Flip-Chart stolperte, ist er auf dem Weg nach Hause sehr nachdenklich. Er hat schon länger geahnt, dass es einen Zusammenhang mit seinen Erfahrungen in der Schule und den intensiven Gefühlen von Scham und Ausgeliefertsein gibt, die er manchmal empfindet. Zu Hause holt er eine Kiste mit Dingen aus der Schulzeit aus dem Keller. Dabei stößt er auf ein altes Foto, das die Klasse gemeinsam mit der Lehrerin zeigt, die Sebastian damals so zugesetzt hatte. Auf dem Foto kann er gut sehen, wie unwohl er sich damals in der Klasse gefühlt hatte. Er empfindet Traurigkeit und Wut darüber, dass der »Kleine-Sebastian« es damals so schwer gehabt hat. Daraufhin stellt er sich vor, wie er, als der Mann, der er heute ist, in die Szene auf dem Foto dazukommt und tröstend den Arm um den »Kleinen-Sebastian« legt.

## 6.2 Besser für den verletzlichen Kindmodus sorgen

**Gefühle akzeptieren und zulassen.** Als nächstes geht es darum zu lernen, sich um Ihren verletzlichen Kind-Anteil besser zu kümmern. Das Wichtigste dabei ist zunächst, die Gefühle, die Sie damals hatten und die Sie heute haben, zu akzeptieren und zuzulassen. Finden Sie heraus, was die Bedürfnisse des verletzlichen Kindes sind.

Übung

**Was soll ich tun, wenn sich der verletzliche Kindmodus meldet?**
Wenn sich der verletzliche Kindmodus meldet, schließen Sie die Augen, spüren Sie ihm nach und fragen Sie sich, was Sie jetzt eigentlich brauchen und wollen. Welche Bedürfnisse sind in der momentanen Situation nicht befriedigt und an welche Situationen in Ihrer Kindheit erinnert Sie das? Welche Bedürfnisse können Sie sich heute vielleicht viel besser erfüllen, als dies in Ihrer Kindheit möglich gewesen wäre?

**Verletzliche Kindmodi heilen.** In dem Fallbeispiel von Sebastian E. haben Sie schon eine erste Möglichkeit kennengelernt, wie man durch bestimmt Symbole oder Bilder auf heilsame und tröstende Weise mit dem verletzlichen Kindmodus umgehen kann. Sebastian E. trägt noch lange das Bild in seinem Kopf, wie er an die Seite des kleinen Sebastian tritt und diesem schützend und tröstend den Arm um die Schultern legt. Solche Bilder, aber auch Symbole, Gesten und Sätze, können eine sehr wohltuende Wirkung auf den verletzlichen Kindmodus haben. Es kann bei der Verarbeitung von solch schwierigen Erfahrungen in der Kindheit sehr hilfreich sein, sich vorzustellen, wie das »Erwachsene-Ich« dem »Kleinen-Ich« zur Seite steht.

In Imaginationsübungen können heilende Bilder gefunden werden, wenn Sie als Erwachsene, oder auch andere »gute Erwachsene« wie etwa Ihre Lieblingstante oder ein guter Freund, sich um das »Kleine-Ich« kümmern. Dabei ist es wichtig, die Gefühle des »Kleinen-Ichs« zu verstehen und seine Bedürfnisse zu erfüllen.

Symbole, Bilder, Lieder o. Ä. können helfen, die Fürsorge für den Kindmodus zu festigen und sich immer wieder daran zu erinnern. Außerdem ist es natürlich sehr wichtig, in Ihrem heutigen Leben dafür zu sorgen, dass Ihr Bedürfnis nach Kontakt, Zuwendung und Spaß erfüllt wird! Letztlich können verletzliche Kindmodi nur dann nachhaltig geheilt werden, wenn Sie in Ihrem Leben täglich erfahren, dass Sie geliebt werden und sich Ihre Bedürfnisse erfüllen können.

**Fallbeispiel**

**Katrin P. – ein Bild für die Zugehörigkeit finden**

Katrin P.'s Kommilitonin feiert an einem Samstagabend eine Party. Sie hat alle Mitstudenten aus dem Semester per E-Mail dazu eingeladen, jedoch Katrin P. nicht persönlich gefragt, ob sie kommen möchte. Am Samstagabend sitzt Katrin P. zu Hause und ist unglücklich und unzufrieden mit sich selbst. Sie macht daraufhin eine Imaginationsübung und »landet« bei einer Szene, in der sie ungefähr acht Jahre alt war. Sie war gerade neu in die Stadt gezogen und kannte die anderen Kinder in der Klasse noch nicht gut. Nach der sechsten Stunde hatte die Mädchen-Clique aus ihrer Klasse noch zusammen auf dem Schulhof gesessen und Seilhüpfen gespielt. Katrin P. hatte sich damals nicht getraut, zu ihnen zu gehen, und war weinend nach Hause gelaufen. Jetzt stellt sie sich vor, wie ihr »Großes-Ich« auf den Schulhof kommt und sie an die Hand nimmt. Die »Große-Katrin« macht der »Kleinen-Katrin« Mut und gibt ihr Selbstvertrauen. Gemeinsam gehen sie in der Vorstellung zu den anderen Mädchen. Mit der Unterstützung der Erwachsenen kann die »Kleine-Katrin« die Mädchen fragen, ob sie mitspielen darf. Diese sind einverstanden und sie spielen zusammen. Die »Große-Katrin« sitzt am Rand und schaut den Mädchen zu. Ihre Anwesenheit gibt der »Kleinen-Katrin« das Gefühl von Sicherheit. Als Katrin P. mit diesem Gefühl von Sicherheit und Zugehörigkeit die Imaginationsübung beendet, entschließt sie sich, ein Bild von der Szene zu malen. Dies hilft ihr, das Gefühl zu bewahren. In Situationen, in denen Katrin P. sich unsicher fühlt, versucht sie jetzt, an das innere Bild zu denken. Oft bringt der Gedanke daran sie kurz ►

zum lächeln und sie hat dann die Gelassenheit, auf andere zuzugehen. Außerdem nimmt sie sich fest vor, auf die nächste Party zu gehen, auch wenn sie keine »ganz besondere« Einladung dafür erhalten hat. Auch eine allgemeine Einladung ist wahrscheinlich ernst gemeint, und nur, wenn sie überhaupt zu sozialen Anlässen geht, kann sie heute häufiger ein Gefühl von Verbundenheit mit anderen Menschen erleben!

Wenn Sie schon etwas mehr über Ihren verletzlichen Kindmodus erfahren haben, kann es auch eine sehr nützliche Übung sein, einen Brief an Ihr »inneres Kind« zu schreiben. Es kann sein, dass es Ihnen nicht leicht fällt, damit zu beginnen. Schreiben Sie am besten auf, was Sie Ihrem »Kleinen-Ich« sagen möchten und was Ihnen früher gefehlt hat. Denken Sie darüber nach, was Sie heute tun können, um besser für ihr »Inneres-Kind« zu sorgen.

**Fallbeispiel**

**Ursula M.'s Brief an die »kleine Ursel«**

Liebe kleine Ursel,

Du hattest es früher ganz schön schwer. Manchmal würde ich mir wünschen, ich könnte in die Vergangenheit reisen, um Dich zu beschützen und Dich zu unterstützen. Andererseits kann ich auch gut verstehen, dass Du damals nicht für Dich eingetreten bist. Manchmal schaffe ich es ja heute noch nicht mal, es zu sagen, wenn mir etwas nicht passt. Warum ist das eigentlich so verdammt schwierig für uns? Ich möchte Dir sagen, dass Du mir wichtig bist, und dass ich lernen will, mehr auf Dich zu achten ...

**Besser auf sich achten.** Sich um sein verletzliches Kind zu kümmern, ist eng verbunden mit dem Begriff Selbstfürsorge oder Selbstzuwendung. Damit ist eine Grundhaltung gemeint, in der man sich selbst liebevoll begegnet und versucht, den eigenen Bedürfnissen soweit als möglich nachzukommen. In Kapitel 5 sind dazu einige

Übungsvorschläge zu finden. Hier werden nur einige Anregungen gegeben, welche Fragen Sie sich immer wieder stellen können, um eine fürsorgliche Haltung Ihrem »Inneren Kind« gegenüber (und damit letztlich auch sich selbst gegenüber) einzunehmen.

- Warum fühle ich mich gerade traurig oder verletzt? Was bräuchte ich jetzt, um dieses Gefühl zu lindern?
- Wenn ein Kindmodus öfters auftritt als normal: Was stimmt gerade nicht in meinem Leben? Das können z. B. Beziehungsprobleme, aber auch andere Stressfaktoren wie Überlastung auf der Arbeit, ein Umzug, Verlusterlebnisse etc. sein. Was kann ich als Trost oder Ausgleich gebrauchen?
- Der Kindmodus geht mit einem bestimmten Gefühl einher, z. B. Traurigkeit oder Einsamkeit. Was brauche ich, um das entgegengesetzte Gefühl zu erleben, also z. B. Freude statt Traurigkeit oder Verbundenheit statt Einsamkeit?

**Fallbeispiel**

**Ursula M. – besser für die eigenen Bedürfnisse sorgen**

Nach ihrem harten Tag in der Schule ist Ursula M. deutlich geworden, dass sie die Abweisung der Schüler an das Mobbing in ihrer Schulzeit erinnert. Dadurch fühlt sie sich ausgegrenzt und allein. Sie überlegt, was sie tun könnte, um sich weniger allein und abgelehnt zu fühlen. Ihr fällt eine Kollegin ein, mit der sie schon öfters darüber gesprochen hat, wie elend man sich als Lehrer fühlen kann gegenüber einer aufsässigen Klasse.

Diese Kollegin hat ebenfalls in ihrer Kindheit Erfahrungen gemacht, die sich heute in starker Verletzlichkeit niederschlagen. Ursula M. ruft am Abend bei dieser Kollegin an, einfach um ein bisschen »zu schnacken« und sich mal wieder auf einen Kaffee zu verabreden. Es ist für Ursula gar nicht so wichtig, der Kollegin von dem schlimmen Morgen zu erzählen. Allein das Wissen darum, dass sie von ihr verstanden wird, sowie der freundschaftliche und nette Kontakt sind »Balsam für ihre Seele«.

**Nehmen Sie sich vor dysfunktionalen Elternmodi in Acht!** Häufig besteht eine Verbindung zwischen dem verletzlichen Kindmodus und dem strafenden oder fordernden Elternmodus. Dieser wird in Situationen, in denen man sich schwach, beschämt oder einsam fühlt, sehr leicht aktiviert. Es ist wichtig, dass Sie sehr wachsam sind, um den dysfunktionalen Elternmodus möglichst schnell zu erkennen und ihn in seine Schranken zu verweisen. In Abschnitt 9.2 finden Sie wirksame Strategien, wie Sie sich gegen einen solchen fordernden oder strafenden Elternmodus zur Wehr setzen können.

**Fallbeispiel**

**Sebastian E. – der verletzliche Kindmodus bringt den fordernden Elternmodus hervor**

Nachdem Sebastian E. über das Flip-Chart gestolpert ist, hat er sich auf die Toilette zurückgezogen. Als die Gefühle von Scham und Minderwertigkeit etwas abgeklungen sind, bemerkt er, dass vertraute Gedanken in ihm hochkommen. Es ist eine altbekannte Stimme, die Sebastian E. schon viele Jahre begleitet. Er denkt: »Es ist mal wieder typisch, dass du dich ausgerechnet jetzt so blamieren musst. Du müsstest doch einfach mal ein bisschen aufpassen, was du machst. Dann einfach aus dem Raum raus zu gehen, war total unprofessionell und hat alles nur noch schlimmer gemacht. Was sollen die Kollegen jetzt von dir denken? Warum kannst du so eine Situation nicht einfach souverän handhaben, so wie die anderen im Team es machen?«

Es ist sehr wichtig, gegen diese negative innere Stimme vorzugehen! Sie hilft dem verletzlichen Kind nicht dabei, besser über sich zu denken. Das Kind braucht Unterstützung und Trost, um mit dieser schwierigen Situation umzugehen. Ideen dafür, wie Sie die Stimme von dysfunktionalen Elternmodi abschwächen können, um sich Ihrem verletzlichen Kindmodus besser zuwenden zu können, finden Sie auch in Kapitel 9. Wenn Sie sich mit diesen Themen eingehender beschäftigen und insbesondere imaginative Übungen einsetzen, um sich um Ihren Kindmodus zu kümmern, werden Sie spüren, wie gut das tun kann.

# 7 Ärgerliche oder impulsive Kindmodi in den Griff bekommen

Um einen besseren Umgang mit dem ärgerlichen, wütenden, trotzigen, impulsiven oder verwöhnten Kindmodus zu finden, sind zwei Punkte besonders wichtig: Zum einen müssen Sie verstehen, welche Bedürfnisse mit diesem Modus verbunden sind. Als zweites muss dann ein Weg gefunden werden, um diese Bedürfnisse angemessen auszudrücken und zu erfüllen.

Dabei können jedoch in verschiedenen Situationen und bei verschiedenen Menschen sehr unterschiedliche Probleme im Hintergrund stehen. Dies liegt vor allem auch daran, dass solche Modi in der Biografie und der Entwicklung eines Menschen sehr unterschiedlich entstanden sein können.

Möglicherweise haben Sie in Ihrer Kindheit durch Angehörige, Lehrer oder Klassenkameraden eine sehr ungerechte Behandlung erlebt und Wut und Ärger treten auf, wenn Sie sich »wieder mal« schlecht behandelt fühlen. In solchen Fällen geht die Wut praktisch immer auch einher mit Traurigkeit, Einsamkeit oder anderen Merkmalen von verletzlichen Kindmodi. Das dahinter stehende Bedürfnis ist oft, ernst genommen zu werden und von anderen akzeptiert und angenommen zu sein. Eine wichtige Veränderung, um diese Bedürfnisse auszudrücken, wäre es dann z. B., in Beziehungen von vornherein klarer zu erkennen, was man braucht, und dies zum Ausdruck zu bringen.

Möglicherweise wurden Sie aber auch als Kind verwöhnt, haben wenig Disziplin gelernt oder es wurde immer wieder zugelassen, dass Sie als Kind trotzig und bockig reagierten. Auch wenn Kinder verwöhnt werden, findet in gewisser Weise Vernachlässigung statt, da sich die Eltern um einen wichtigen Teil der Erziehung, nämlich das Setzen von Grenzen, nicht ausreichend kümmern. Hier gehört neben dem Ziel, Bedürfnisse auszudrücken, auch dazu, darüber nachzudenken, in welchem Maße diese Bedürfnisse einem erwachsenen Menschen wirklich zustehen und wo es vielleicht besser wäre, etwas zurückzustecken und sich vernünftigerweise in etwas mehr Disziplin zu üben.

**Fallbeispiel**

**Beispiel 1: Impulsiver Kindmodus**

Mona K., die 21-jährige Studentin mit dem starken impulsiven Kindmodus, haben Sie in Abschnitt 2.2 schon kennengelernt. Sie hat einen starken impulsiven Kindmodus, trinkt und feiert zu viel, bringt sich dadurch gesundheitlich in Gefahr (ungeschützter Sex) und ihr Studium geht nicht voran (keine Disziplin im Studium).

Mona wurde als Kind von ihrer Oma mütterlicherseits sehr verwöhnt. Diese Oma hatte auch die Mutter von Mona schon sehr verwöhnt. Das heißt, Mona hat nicht gelernt, sich zu beherrschen, der Vernunft statt der momentanen Lust zu folgen, und Grenzen zu akzeptieren. Hinzu kommt, dass sie bei ihrer Mutter genau das gleiche Muster gesehen, erlebt und abgeschaut hat. Monas Mutter hatte sich nicht genügend um sie gekümmert und ihre Erziehung der Großmutter überlassen. Als Mona merkt, dass sie im Studium völlig den Anschluss verliert und über ihr Partyleben auch nicht wirklich glücklich ist, sucht sie eine Psychotherapeutin auf. Diese bespricht mit ihr, dass es zwar wichtig ist, eigene Bedürfnisse zu erfüllen und im Leben Spaß zu haben. Auf der anderen Seite ist es aber auch wichtig, die eigenen Aufgaben zu erfüllen, Pflichten nachzugehen und eine gute Balance zwischen Disziplin und Ausgelassenheit zu finden. Mona muss lernen, mehr Disziplin aufzubauen und sich selbst Grenzen zu setzen. Das heißt, es geht darum, kurzfristigen Bedürfnissen auch mal nicht vollständig nachzugeben, um langfristige Ziele besser zu erreichen. Dies wird sicherlich einige Zeit in Anspruch nehmen und manchmal frustrierend sein. Andererseits merkt Mona auch, dass eine Veränderung in diese Richtung sie ihren langfristigen Zielen eindeutig näher bringen wird.

▶

**Beispiel 2: Ärgerlicher Kindmodus**
Auch Harald P., den 41-jährigen Software-Ingenieur, haben Sie in Abschnitt 2.2 schon kennengelernt. Er wird v. a. dann wütend, wenn er sich kritisiert fühlt, weil er sehr leicht das Gefühl hat, ungerecht behandelt zu werden, obwohl er sich immer so viel Mühe gibt. Das Bedürfnis, das er dann mit der Wut spürt, ist der Wunsch nach Anerkennung und Akzeptanz von anderen, dem er mit seinem Perfektionismus und der vielen Mühe, die er sich immer gibt, »hinterher rennt«.

Für ihn ist es wichtig zu lernen, dass er nicht nur dann anerkannt wird, wenn er alles großartig macht, und dass ein wenig Kritik ihn nicht vernichtet – erst wenn er sich dessen sicherer ist, muss er nicht mehr mit viel Wut auf Kritik reagieren. Dazu muss er es allerdings schaffen, auch mal seine Grenzen aufzuzeigen und Dinge nicht perfekt zu machen – erst so kann er überhaupt wirklich die Erfahrung machen, dass ihn andere auch okay finden, wenn er nicht 100-prozentig funktioniert!

## 7.1 Den wütenden oder impulsiven Kindmodus genauer kennenlernen

Zunächst steht also im Vordergrund, genau zu verstehen, wann und warum der ärgerliche oder impulsive Kindmodus auftritt. Eine große Rolle spielt dabei die Frage, ob dieser Kindmodus vor allem mit Gefühlen von Verletzbarkeit gepaart auftritt und somit eher »sekundär« ist oder ob er eher »primär« ganz für sich allein auftritt. Um diese Frage zu beantworten, kann Ihnen das Arbeitsblatt »Mein ärgerlicher/impulsiver Kindmodus« (s. Abschn. 2.2) helfen. Eine gute Möglichkeit, diesen Modus noch besser kennenzulernen, besteht darin, sich gedanklich und in der inneren Vorstellung in eine Situation zu begeben, in der Ihr wütender oder impulsiver Kindmodus wieder mal aufgetreten ist.

**Übung**

Schließen Sie die Augen, achten Sie auf Ihre Atemzüge, um sich etwas zu entspannen und versetzen Sie sich dann in eine Situation, in der der wütende oder impulsive Kindmodus in letzter Zeit besonders intensiv war. Stellen Sie sich vor, Sie wären wieder in dieser Situation. Erforschen Sie jetzt Ihre Gefühle. Spielen Wut oder Ärger oder vor allem Lustlosigkeit und Disziplinlosigkeit eine Rolle? Wie intensiv sind die Gefühle? Spüren Sie zusätzlich Gefühle wie Traurigkeit, Einsamkeit, Zurückweisung? Fühlen Sie sich ungerecht behandelt? Wenn ja, von wem? Würden Sie, wenn diese Person auch andere so behandeln würde, dies ebenfalls ungerecht finden? Wenn Sie spüren, dass Traurigkeit und Verletzlichkeit eine Rolle spielen, dass Sie sich extrem ungerecht behandelt fühlen, so ist wahrscheinlich ein verletzlicher Kindmodus im Spiel. Um diesen genauer zu verstehen, können Sie auf die Übungen in Abschnitt 6.2 zurückgreifen.

Wenn deutlich wird, dass ein verletzlicher Kindmodus eine Rolle spielt, so ist es vor allem wichtig, sich um den verletzlichen Kindmodus gut zu kümmern. Menschen mit dieser Problematik berichten häufig, dass kaum noch Wut oder Ärger auftreten, sobald es dem verletzlichen Kindmodus besser geht – ohne dass sie viel dafür unternehmen würden, Wut oder Ärger zu reduzieren! Insofern wäre unsere Empfehlung dann, sich zunächst denjenigen Übungen zuzuwenden, die auch zur Heilung des verletzlichen Kindmodus vorgeschlagen werden (s. Abschn. 6.2). Dazu kann Ihnen ein ärgerlicher Kindmodus oft sogar nützlich sein – von ihm können Sie nämlich sehr deutlich lernen, wann Ihre Bedürfnisse zu stark in den Hintergrund getreten sind, und welche Situationen für den verletzlichen Kindmodus besonders schlimm sind.

Steht aber der ärgerliche Kindmodus im Vordergrund, oder wenn Wut und Ärger so extrem werden, dass es Sie oder andere schädigt und nicht tragbar ist, ist es wichtig, dass Sie sich mit den folgenden Übungen beschäftigen. Behalten Sie aber auch dann immer im Kopf, dass die Bedürfnisse, die der wütende oder impulsive Kindmodus einfordert, im Grunde völlig berechtigt sind – nur auf das Maß und auf den Ausdruck der Bedürfnisse kommt es an!

### Ursachen

Auch wenn der verletzliche Kindmodus nicht die Hauptrolle zum Verständnis des ärgerlichen oder impulsiven Kindmodus spielt, ist es sehr lohnenswert, sich weiter damit zu beschäftigen, wie der verwöhnte, impulsive oder ärgerliche Kindmodus bei Ihnen entstanden bzw. erklärbar ist. Folgende Ursachen oder biografische Hintergründe sind häufig:

- **Kombination mit verletzlichen Kindmodi.** Wie oben bereits ausführlich beschrieben, können wütende oder impulsive Kindmodi sekundär auftreten, wenn sich ein Mensch stark verletzt oder zurückgesetzt fühlt.
- **Kein ausreichendes Erleben von Autonomie.** Häufig berichten gerade Menschen mit starken trotzigen oder ärgerlich-trotzigen Kindmodi, dass wichtige Bezugspersonen, häufig die Eltern, ihnen nicht ausreichend Autonomie gewährt haben. Dies löst oft Trotz aus, der sich gewissermaßen »festsetzt« und auch später im Leben immer wieder auftreten kann – selbst wenn »eigentlich« niemand die eigene Autonomie angreift. So kann es etwa sein, dass die Mutter auch im Teenageralter ihres Sohnes noch darauf bestanden hat, seine Kleider auszusuchen. Oder Eltern haben sich immer wieder in Freundschaften eingemischt. Vielleicht haben sie z. B. gegenüber Freunden des Betroffenen, der bereits ein Jugendlicher war, Bemerkungen gemacht, wegen denen sich der Betroffene geschämt hat und sich wie ein Kind behandelt fühlte.
- **Undisziplinierte, wütende oder impulsive Modelle.** Wenn wir von anderen Menschen bestimmte Probleme vorgelebt bekommen, so spricht man in der Psychologie von Modellen (→ Modelllernen). Wenn beispielsweise Ihr Vater häufig impulsiv oder ärgerlich reagiert und seine eigenen Bedürfnisse rücksichtslos zum Ausdruck gebracht hat, kann es sein, dass Sie schlicht gelernt haben, dies für normal zu halten. So ist es jedoch kein Wunder, wenn Sie sich im Erwachsenenleben ähnlich verhalten – Sie haben es einfach nicht anders gelernt.

- ▶ **Mangel von Grenzen in der Kindheit.** Manchmal versäumen es Eltern, ihren Kindern ausreichend Grenzen zu setzen. Dies passiert oft aus dem Grund, dass sie alles für ihre Kinder tun möchten oder dass sie Konflikte mit ihrem Kind scheuen und deshalb den »leichten Weg« gehen. Dabei übersehen sie, dass man Kinder auch zu sehr verwöhnen kann und dass es wichtig für Kinder ist zu lernen, auch einmal diszipliniert zu sein oder eigene Bedürfnisse zurückzustecken. Dies ist für ein erfolgreiches Leben im Erwachsenenalter sehr wichtig. Möglicherweise haben Sie also das Pech, als Kind zu sehr verwöhnt worden zu sein, und müssen das Lernen von Grenzen nun nachholen.

## 7.2. Ärgerliche oder impulsive Kindmodi begrenzen

Wenn Sie aufgrund der bisherigen Ausführungen zu der Überzeugung gelangt sind, dass Sie tatsächlich häufig verwöhnt, impulsiv, bockig oder ärgerlich reagieren, so ist es sinnvoll, diese Muster zu begrenzen und zu reduzieren. Vergessen Sie aber nicht, dass Impulsivität, sich etwas Gönnen oder der spontane Ausdruck von Frust auch zu einem lebendigen Leben dazugehören – begrenzt werden sollte das Übermaß!

Ein guter Gradmesser dafür, wo »das Übermaß« beginnt, sind die Reaktionen anderer Menschen. Wenn beispielsweise Ihr Partner immer wieder frustriert über Ihren Trotz ist, oder Freunde Ihnen schon mehrfach Ihren Egoismus vorgeworfen haben, so ist es sinnvoll, wenn Sie beginnen, daran zu arbeiten. Versuchen Sie dabei, möglichst ehrlich zu sich zu sein und beispielsweise zu berücksichtigen, dass die meisten Menschen es nur selten zum Ausdruck bringen, wenn sie jemanden anderen egoistisch finden. Häufig macht man das nur gegenüber Personen, die einem wirklich wichtig sind. Die meisten Menschen ziehen sich eher zurück, wenn sie einen entfernten Bekannten egoistisch oder verwöhnt finden und konfrontieren diesen nicht mit ihrer Meinung. Das heißt konkret: Wenn Ihnen schon mehr als zwei Personen, die es im Grunde gut mit Ihnen meinen, ähnliche negative Rückmeldungen gegeben haben, ist da vielleicht etwas dran. Natürlich kann eine negative Bewertung Ihres Verhaltens auch aus einer Situation heraus entstehen, und nichts über Ihre allgemeine Persönlichkeit aussagen. Dennoch sollten Sie dies als soziale Information ernst nehmen.

### Ziele und Bedürfnisse

Überlegen Sie, was Sie eigentlich im Leben erreichen möchten und in welcher Weise Ihr ärgerlicher oder impulsiver Kindmodus Sie daran hindert. Dazu ist es sehr sinnvoll, einmal ganz konkret die Vor- und Nachteile des ärgerlichen oder impulsiven Kindmodus abzuwägen. Gehen Sie gründlich durch, was Ihnen dieser Modus an Vorteilen bringt, und welche Nachteile Sie sehen. Dadurch bekommen Sie ein klareres Bild. Und es wird auch deutlich, wo die Hürden liegen, mit denen Sie rechnen müssen, wenn Sie diesen Modus verändern wollen – das sind nämlich all die Punkte, die auf der Seite der Vorteile stehen.

**Fallbeispiel**

**Die Vor- und Nachteile des trotzigen Kindmodus von Manuel P.** (s. Abschn. 2.2)

**Vorteile** meines trotzigen Kindmodus:

- Ich muss mich nicht um lästige Dinge kümmern.
- Ich fühle mich im Recht, wenn ich meiner Freundin gegenüber »bocke«. Ihr Ärger und ihr Frust erreichen mich dann kaum. Das »Bocken« ist irgendwie ein bequemes Gefühl.
- Insgesamt kann ich mir lästige Dinge dadurch sehr gut vom Leibe halten.

**Nachteile** des Modus:

- Ich erledige Dinge nicht, die eigentlich wichtig wären. Dadurch wird der Alltag mühsamer und das frustriert mich auch.
- Meine Beziehung leidet darunter. Meine Freundin ist eigentlich liebevoll und verständnisvoll und hat es nicht verdient, dass ich sie immer wieder so »bockig« behandle.
- Ich komme dadurch immer wieder in ein kindisches Verhalten, was ich eigentlich nicht haben möchte. Ich bin erwachsen und möchte mich auch so verhalten.

- Ich merke auch, dass dieser Modus im Beruf immer wieder eine Rolle spielt. Auf diese Weise werde ich möglicherweise nicht gut weiterkommen. Kollegen nehmen mich dann nicht ernst oder sind genervt von mir.

**Stuhldialoge.** In Therapien werden solche Abwägungen häufig im Rahmen von sogenannten »Stuhldialogen« geführt. Dazu stellt der Therapeut zwei Stühle auf – auf einem Stuhl sitzt der ärgerliche Kindmodus, auf dem anderen Stuhl der gesunde Erwachsenenmodus. Der Patient wechselt dann von Stuhl zu Stuhl hin und her, um diese innere Auseinandersetzung zu klären und sich über seine Ziele besser klar zu werden.

Manche Menschen machen diese Stuhldialoge auch ohne therapeutische Begleitung. Probieren Sie das ruhig einmal aus, auch wenn

es Ihnen zunächst vielleicht lächerlich vorkommt! Häufig ist es aber einfacher, statt zwei verschiedener Stühle zwei Symbole oder Puppen, beispielsweise Playmobilmännchen oder Stofftiere, zu verwenden. So kann ein Stofftier (vielleicht ein Affe oder ein Krokodil?) für den undisziplinierten Kindmodus stehen, während das andere Stofftier (vielleicht ein weißer Teddybär?) für den gesunden Erwachsenenmodus stehen kann. Sie können damit ein bisschen »Puppentheater« spielen und die beiden miteinander diskutierten lassen.

### Verhalten steuern lernen

**Wütender, ärgerlicher Kindmodus.** Bei der Veränderung des ärgerlichen oder wütenden Kindmodus ist die besondere Herausforderung, die Gefühle von Wut oder Ärger in der jeweiligen Situation zu kontrollieren. Wenn Sie jetzt den Eindruck haben, dass dies sehr schwierig ist, dann haben Sie absolut Recht! Das heißt andererseits nicht, dass es nicht gelingen kann, Stück für Stück die Reaktionen im wütenden Kindmodus durch Verhaltensweisen zu ersetzen, die Sie der Befriedigung Ihrer Bedürfnisse näher bringen. Die Grundlage für diese Veränderung ist, dass Sie sich mit Ihrem eigenen wütenden Kindmodus vertraut machen (s. Arbeitsblatt »Mein ärgerlicher/impulsiver Kindmodus«). Für eine Veränderung ist besonders wichtig zu wissen, in welchen Situationen Ihr wütender Kindmodus typischerweise auftritt und welche Bedürfnisse im Mittelpunkt stehen (z. B. Autonomie oder Anerkennung).

**Fallbeispiel**

Bei Alexia P., die Sie aus Abschnitt 2.2 kennen, tritt der wütende Kindmodus in der Regel auf, wenn sie sich von anderen ausgenutzt oder von ihnen übergangen fühlt. Sie erstellt eine Liste mit Situationen, in denen ihr wütender Kindmodus auftritt, und notiert auch, welche Bedürfnisse in diesen Situationen in Gefahr sind:

▶

| Situation, in der mein wütender Kindmodus auftritt: | Welches meiner Bedürfnisse wurde nicht befriedigt? |
|---|---|
| Ich komme nach Hause und die Kinder haben ihre Jacken einfach in den Flur geschmissen und nicht an den Haken gehängt. Meine Reaktion: Ich knalle die Haustür hinter mir zu und hänge die Jacken wütend selbst auf. | Ich fühle mich ausgenutzt von meinen Kindern. Ich würde mir wünschen, dass sie mich *entlasten* und *unterstützen,* indem sie kleine Arbeiten selbst erledigen. |
| Meine Kinder beschweren sich, dass ich zu müde bin, um mit ihnen nachmittags in Schwimmbad zu gehen. Meine Reaktion: Ich schreie sie an, dass ich auch tagsüber arbeiten gehen kann, und muss dann anfangen zu weinen. | Ich fühle mich in meinem Engagement für die Familie (Nachtschichten, um tags für die Kinder da zu sein) nicht *anerkannt* und herabgesetzt. Allerdings ist das eine Erwartung, die ich vielleicht meinem Mann gegenüber haben kann, aber eigentlich nicht gegenüber meinen Kindern. |
| Mein Mann geht mit seinen Freunden Fußball schauen, obwohl er weiß, dass ich einen schlechten Tag hatte und eigentlich seine Unterstützung bräuchte. Meine Reaktion: Ich blaffe ihn an und sage, dass er doch verschwinden soll. | Ich habe das Bedürfnis nach *Zuwendung* und *Unterstützung.* Ich würde mir wünschen, dass ich von meinem Tag erzählen kann und von meinem Mann verstanden werde. |

Alexia P. stellt fest, dass es immer wieder ähnliche Situationen sind, in denen ihr wütender Kindmodus ausgelöst wird, z. B. hat es fast immer mit ihrer Familie zu tun. Diese Situationen bilden eine gute Grundlage für ein Verhaltensexperiment.

**Verhaltensexperimente.** In der Psychotherapie werden häufig Verhaltensexperimente durchgeführt, um neue Wege zum Umgang mit schwierigen Situationen zu finden. Dabei ist es wichtig, dass diese auf spielerische Art Lust darauf wecken sollten, altbekannte Verhaltensmuster zu durchbrechen. Für ein solches Verhaltensexperiment begibt man sich bewusst in eine Situation, in der man normalerweise das »unerwünschte« Verhalten (z. B. Wutausbruch, Türe knallen) zeigt. Allerdings plant man schon vorher, sich dieses Mal anders als normalerweise zu verhalten. Dieses »neue« Verhalten können konstruktive Versuche sein, die Situation zu lösen – oder aber auch witzige oder überspitze Verhaltensweisen.

**Fallbeispiel**

Alexia P. fällt die Auswahl einer solchen Situation leicht. Sie ist bei ihren Kindern ständig mit Situationen konfrontiert, in denen sie sich ausgenutzt und missachtet fühlt. Als sie am nächsten Tag vor der Tür steht, weiß sie genau, welches Chaos sie drinnen erwartet. Sie atmet einmal tief durch und betritt dann den Hausflur. Wie erwartet liegen die Jacken ihrer Kinder kreuz und quer im Flur verstreut. Nach einem weiteren tiefen Atemzug zieht Alexia ihre Jacke aus und wirft sie oben auf den Jackenhaufen am Boden. Die jüngste Tochter kommt angelaufen, um die Mutter zu begrüßen und beobachtet verblüfft und irritiert die Szene im Flur. Schließlich brechen Mutter und Tochter in Lachen aus.

**Wie bekomme ich die Wut in den Griff?** Um in Situationen, in denen der wütende Kindmodus ausgelöst wird, so handeln zu können, wie man es sich vorgenommen hat oder wie man es sich wünscht, braucht es ziemlich viel Übung. Die folgenden Tipps können Ihnen dabei hilfreich sein. Das Ziel ist, dass Sie die Kontrolle über Ihre Reaktionen und Ihr Verhalten lernen bzw. zurückgewinnen.

- **Frühwarnzeichen des wütenden Kindmodus erkennen.** Sie kennen sich selbst am besten. Wenn Sie genau überlegen, fällt Ihnen sicher ein, welche Körperreaktionen (z. B. Anspannung in den Schultern) oder Gedanken (»Ich hab die Schnauze voll.«, »Ich bin euch doch scheißegal.«) erste Anzeichen des wütenden Kindmodus sind. Wenn Sie auf diese Frühwarnzeichen schnell reagieren, können Sie es schaffen, einen »kühlen Kopf« zu bewahren. Es ist auch für die Umgebung besser, wenn Sie Ihren Ärger ausdrücken, solange er noch relativ schwach ist. Wenn das Kind erst mal komplett in den Brunnen gefallen ist, ist es ungleich schwerer, es wieder herauszuholen! Verschieben Sie den Ausdruck Ihres Ärgers also nicht zu lange.

- **Lernen Sie, Ärger stufenweise auszudrücken.** Beginnen Sie ruhig mit dem Ausdruck Ihres Ärgers, und werden Sie erst dann etwas ärgerlicher, wenn der andere nicht zuhört. Dadurch können Sie einen ausgewogeneren Ausdruck Ihres Ärgers erlernen.
- **Manchmal genügt auch eine kurze Pause,** wenn Sie das Gefühl haben, dass der wütende Kindmodus sich meldet. Dies kann z. B. bedeuten, in einer Besprechung kurz aufzustehen, ein Fenster zu öffnen und zwei Mal tief durchzuatmen oder sich für einen kurzen Moment die Augenbrauen und Ohren des Gegenübers ganz genau anzuschauen. Diese kurze Auszeit kann Ihnen helfen, wieder Klarheit darüber zu gewinnen, was Sie in der Situation eigentlich erreichen möchten (Bedürfnisse!).
- **Ein beruhigendes Symbol finden.** Für viele Menschen ist es hilfreich, einen Gegenstand (z. B. einen glatten Stein, den sie in der Hosentasche tragen können), ein Bild (z. B. vom spiegelglatten, ruhigen Meer) oder ein bestimmtes Lied zu finden, das sie mit Gelassenheit und Ruhe verbinden. Wenn Sie in eine kritische Situation kommen, können Sie sich mit einem kurzen Griff an die Hosentasche oder indem Sie sich in Gedanken das Lied oder das Bild vorstellen, wieder gelassener werden.
- **Alternative Handlungen in der Imagination üben.** Sicher haben Sie schon öfters von sogenanntem »mentalen Training« gehört. Imaginationsübungen wirken so ähnlich. Das bedeutet, dass Sie sich auf Situationen, in denen der ärgerliche Kindmodus ausgelöst wird, vorbereiten können, indem Sie sich in der Imagination vorstellen, wie Sie anders handeln. Dies hätte z. B. Alexia in Bezug auf das oben beschriebene Verhaltensexperiment ebenfalls tun können!

**Übung**

**Imaginationsübung zur Begrenzung von Wut**

Machen Sie es sich dafür bequem und sorgen Sie für Ruhe. Stellen Sie sich die Situation vor, in der Sie üblicherweise wütend reagieren. Versetzen Sie sich in Ihre Emotionen.

Überlegen Sie nun, was Sie brauchen, um weniger wütend zu sein. Ändern Sie die Situation entsprechend. Vielleicht benötigen Sie jemanden, der Ihnen versichert, dass nicht alle Menschen Sie immer nur behindern wollen und ablehnen? Vielleicht können Sie sich dafür vorstellen, eine gute Freundin stünde hinter Ihnen und legt Ihnen fürsorglich die Hand auf die Schulter?

Stellen Sie sich dann vor, wie die Situation weitergeht, ohne dass Sie übermäßigen Ärger ausdrücken. Stattdessen bleiben Sie ruhig und sprechen klar und sachlich – ganz wichtig ist dabei allerdings, dass Sie Ihre Bedürfnisse oder Ihre Grenzen, die in dieser Situation verletzt sind, klar zum Ausdruck bringen!

**»Bockiger«, verwöhnter Kindmodus.** Zunächst ist es wichtig, sich über Vor- und Nachteile dieses Modus klar zu werden und die eigenen Ziele genauer zu bestimmen. Um diese dann zu erreichen, ist es jedoch notwendig, sich einen möglichst klaren Plan zurechtzulegen. Dieser Modus kann so wild sein, dass er trotzdem immer wieder viel Platz beansprucht! Deshalb ist es unbedingt wichtig, sich zu überlegen, wo Sie diesen Modus in Ihrem Leben begrenzen wollen.

Legen Sie eine Liste mit kritischen Situationen an, in denen Sie den verwöhnten oder »bockigen« Kindmodus begrenzen möchten. So kann es einerseits sein, dass Sie in Ihrer Beziehung weniger bockig auftreten wollen. Möglicherweise wollen Sie aber auch schon seit Jahren regelmäßiger Sport treiben und wissen genau, dass Ihr undisziplinierter Kindmodus Ihnen hier immer wieder »ein Bein stellt«. Was möchten Sie vor allem verändern?

Seien Sie dabei realistisch und ehrlich mit sich selbst. Nehmen Sie eine Einschätzung vor, wie schwierig ein bestimmter Plan jeweils wäre. So ist es vermutlich ein relativ einfacher Schritt, in Zukunft nicht immer nur den Partner den Frühstückstisch abräumen zu lassen, sondern auch selbst etwas anzupacken. Viel schwieriger wird es dagegen sein, von heute auf morgen ein völlig vernünftiges Essverhalten umzustellen und jeden zweiten Tag Joggen zu gehen, wenn Sie bisher nur vor die Türe gingen, um sich ins Auto zu setzen, und Gemüse Ihnen ein Graus ist.

Machen Sie daher einen realistischen Plan, wie Sie Veränderungen umsetzen können. Ganz wichtig ist Belohnung! Wenn Sie eingefahrene Verhaltensmuster ändern und über Ihren Schatten springen, sollten Sie das anerkennen. Das ist eine große Leistung von Ihnen! Überlegen Sie sich am besten im Voraus, wie Sie sich belohnen möchten, wenn Sie Schritte oder Meilensteine erreicht haben.

**Fallbeispiel**

Manuel P. hat in letzter Zeit immer heftigere Konflikte mit seiner Freundin. Er beschließt daher, disziplinierter und weniger bockig zu werden. Allein dieser allgemeine Entschluss führt jedoch nicht dazu, dass er irgendetwas ändert. Daher setzt er sich konkretere Ziele und nimmt sich für jede Woche zunächst zwei Aufgaben zur Erledigung vor, die er üblicherweise liegen lässt. Dies gelingt ihm schon besser, und seine Freundin zeigt sich sehr erfreut über seine Veränderungen. Allerdings wird dabei auch deutlich, dass dies erst ein Anfang ist und Manuel noch weiter wird »aufstocken« müssen.

Seien Sie nicht zu hart mit sich! Es ist schon ein großer Fortschritt, wenn Sie sich selbst eingestehen, dass Sie manchmal bockig oder verwöhnt überreagieren. Das allein verdient schon Respekt. Dies zu ändern wird langwierig sein und geht nicht in einem Tag. Natürlich dürfen Sie die eine oder andere »verwöhnte Ecke« auch beibehalten – sorgen Sie nur dafür, dass es nicht gerade diejenige ist, die Ihren Partner am meisten aufregt. Und vergessen Sie nicht, dass die verschiedenen Modi in aller Regel zusammenspielen; manchmal ist es auch wichtiger, sich in erster Linie mit einem der anderen Modi, z. B. dem verletzlichen Kindmodus oder einem ungünstigen Bewältigungsmodus, zu beschäftigen. Je mehr Sie sich damit auseinandersetzen, umso besser wird auch Ihr Gespür für sich selbst und dafür, welche Themen gerade im Vordergrund stehen!

# 8 Den glücklichen Kindmodus stärken

Gerade wenn Ihr glückliches Kind sehr »verschüttet« ist oder noch nie viel Platz in Ihrem Leben hatte, ist es wiederum besonders wichtig, zunächst einmal mit ihm in liebevollen Kontakt zu treten. Ein simples Verschreiben von lustigen Aktivitäten nach dem Motto: »Spiel doch mal wieder Mau-Mau und du wirst schon merken, wie toll das ist«, funktioniert vermutlich nur bei wenigen Menschen.

Häufig ist es nicht ganz so einfach – viele Menschen wissen zum einen gar nicht genau, mit wem sie eigentlich Spaß haben könnten; zum anderen haben sie vielleicht das Gefühl, dass sie dabei ohnehin keine Freude empfinden würden, z. B. weil der strafende Elternmodus es gar nicht erlauben würde. Auch diese Menschen können und müssen ihren glücklichen Kindmodus stärken – wahrscheinlich haben sie das mehr als alle anderen nötig! Allerdings wird es nicht ganz einfach sein und nicht »in einem Rutsch erledigt« werden können.

## 8.1 Kontakt aufnehmen mit dem glücklichen Kindmodus

Wie Sie bereits bei verletzlichen und wütenden Kindmodi gesehen haben, sind imaginative Übungen ein guter Zugang zu Ihrem »inneren Kind«. So sind diese Übungen auch ein guter Weg, um Kontakt mit Ihrem glücklichen Kindmodus aufzunehmen.

**Übung**

**Kontaktaufnahme zum glücklichen Kindmodus**
Legen Sie sich gemütlich auf Ihr Bett, in einen Sessel oder auf ein Sofa. Schließen Sie die Augen, entspannen Sie sich, beispielsweise indem Sie auf Ihren Atem achten, und versetzen Sie sich in Situationen, in denen Sie in Ihrem Leben glücklich waren. ▶

Solche Situationen können Kindheitserinnerungen sein – vielleicht war Weihnachten immer eine ganz besonders schöne Zeit oder die Ferien bei einer bestimmten Tante sind eine besonders gute Erinnerung. Möglicherweise sind die Situationen aber auch aus der letzten Zeit – ein Ausflug mit Freunden oder der Familie, eine schöne Feier, Schwimmen im Baggersee … Das Hervorrufen und die bildliche Vorstellung von Erinnerungen weckt nicht nur biografische Informationen im engeren Sinne, sondern versetzt uns immer auch in die Gefühle, die mit diesen Erinnerungen verbunden sind. Besonders wichtig ist dabei, dass Sie versuchen, die Situation in der Vorstellung mit all Ihren Sinnen wieder zu erleben. Wenn Sie an Weihnachten gedacht haben, erinnern Sie sich vielleicht an den Geruch von Kerzen oder den Geschmack von heißem Kakao und Plätzchen. Bei einer Erinnerung an den Baggersee versuchen Sie die Erinnerung an das Gefühl von Sonne auf Ihrer Haut und das Geräusch von Wind in den Bäumen wiederaufleben zu lassen. Solche sinnlichen Erinnerungen machen es leichter, mit den Gefühlen der jeweiligen Situation in Kontakt zu kommen. Wenn wir in solche Gefühle versetzt werden, fällt es uns auch viel leichter, vergleichbare Aktivitäten oder Ideen für unser heutiges Leben zu entwickeln.

Sie werden vielleicht merken, dass es Ihnen, nachdem Sie eine schöne Erinnerung »aufgerufen« haben, viel leichter fällt, sich auch für heute Aktivitäten für Ihren glücklichen Kindmodus vorzunehmen. Wenn Sie demgegenüber jemand in einem düsteren Moment fragen würde: »Was macht dich denn so richtig glücklich? Könntest du nicht mal wieder etwas Schönes unternehmen?«, dann fühlen Sie sich möglicherweise nur missverstanden. Außerdem fällt Ihnen in einer solchen Situation vermutlich rein gar nichts ein. Wenn Sie sich die gleichen Fragen jedoch selbst stellen, nachdem Sie glückliche Erinnerungen aufgerufen haben, ist die Chance viel besser, dass Ihnen etwas einfällt!

In der Psychologie nennt man dieses Phänomen eine → Affektbrücke. Wenn Sie sich also in eine glückliche Erinnerung zurückversetzt haben, versuchen Sie doch, die »Brücke« zu Situationen zu finden, die bei Ihnen ein ähnliches Gefühl auslösen und die Sie sich für die Zukunft häufiger vornehmen können. Die Affektbrücke kennt man oft aus der Beobachtung bei anderen Menschen, sie trifft aber für alle Menschen, also auch für Sie selbst, zu.

**Fallbeispiel**

**Beispiel 1**

Lisa L. fühlt sich oft allein und unglücklich. Da sie von ihren Eltern sehr starre Normen übernommen hat und durch ihre christliche Erziehung auch moralisch sehr streng mit sich ist, kann sie sich fast nichts Gutes gönnen. Ihre Therapeutin hat sie jedoch mittlerweile davon überzeugt, dass der glückliche Kindmodus in ihrem Leben eine größere Rolle spielen sollte. Sie versetzt sich deshalb zurück in glückliche Kindheitserinnerungen. Ausflüge mit der Gemeinde und den Ministranten fallen ihr ein. Besonders leicht und glücklich fühlt sie sich bei der Erinnerung an einen Ausflug an den Bodensee. Die ganze Gruppe hatte eine Schifftour unternommen und danach eine Eisdiele gestürmt. Lisa kann sich noch genau erinnern, dass sie Stracciatella- und Zitroneneis gegessen hatte, obwohl diese Kombination landläufig eigentlich nicht zusammenpasst. Es hatte jedoch wunderbar geschmeckt.

Am nächsten warmen Tag geht sie bei einer Eisdiele vorbei und kauft sich zwei Kugeln Eis – Stracciatella und Zitrone. Sie setzt sich auf eine Bank im Park in die Sonne und schleckt ihr Eis. Dabei fühlt sie sich etwas wehmütig, aber irgendwie auch wohlig und zufrieden.

**Beispiel 2**

Silke U. beschäftigt sich in letzter Zeit etwas mehr mit ihrem glücklichen Kindmodus. Sie hat sich öfters mit der Frage beschäftigt, welche Situationen ihr eigentlich helfen, in diesen Modus zu kommen. Dabei ist ihr aufgefallen, dass ihr der Kontakt mit sehr burschikosen und fröhlichen Frauen ausgesprochen gut tut. Als sie einmal eine imaginative Reise in die Erinnerung macht, ist sie über ihre sehr burschikose Tante Elfi gestolpert, ►

die in ihr genau das gleiche Gefühl ausgelöst hat wie burschikose Frauen heute. Bei dieser Vorstellung muss sie schmunzeln und kann diese Verbindung nun gut verstehen. Für die Zukunft nimmt sie sich vor, den Kontakt zu einigen anderen Müttern im Kindergarten ihres Sohnes zu intensivieren, die auch auf so eine herzliche Art burschikos sind. Dafür bieten sich zunächst natürlich Aktivitäten im Kindergarten an, wie beispielsweise das gemeinsame Organisieren des Flohmarktes oder die gemeinsame Betreuung der Kuchentheke beim Sommerfest. Obwohl die Aktivitäten an sich nicht besonders aufregend oder unterhaltsam sind, ist diese Art von Kontakt für Silke einfach, angenehm und beschwingend.

## 8.2 Übungen zum Stärken des glücklichen Kindmodus

Der nächste Schritt ist das Aufnehmen und Intensivieren von Aktivitäten, mit denen Sie Ihren glücklichen Kindmodus fördern können! Wichtig ist dabei, wie bei allem im Leben, natürlich die richtige Dosis und eine gute Balance. Sicher kann es nicht sinnvoll sein, mit der Erwartung an das eigene Leben heranzutreten, dass in Zukunft nur noch der glückliche Kindmodus aktiv ist. Letztlich sind Menschen in der Regel auch dann am zufriedensten, wenn sie wissen, dass in ihrem Leben ganz verschiedene Dinge gut ausbalanciert sind. Neben dem glücklichen Kindmodus gehört dazu selbstverständlich auch die »erwachsene« Übernahme von Verantwortung und Erfüllung von Pflichten.

Natürlich sind die Situationen, die den glücklichen Kindmodus auslösen, ganz individuell! Während manche Menschen beim Basteln an einer Modelleisenbahn für Stunden glücklich abschalten können, wären andere von dieser Beschäftigung nur genervt. Deshalb möchten wir Sie ermutigen, auf die Suche nach Ihren eigenen Glücklichen-Kind-Situationen zu gehen. Allerdings geht es machen Menschen so, dass sie gar keine richtige Idee haben, was bei ihnen einen glücklichen Kindmodus hervorruft, besonders wenn ihr glückliches Kind bisher nur eine sehr kleine Rolle in ihrem Leben gespielt hat. Deshalb haben wir für Sie im folgenden Kasten eine Liste von Anregungen zusammengestellt. Ein wichtiges Merkmal des glücklichen Kindes ist, dass es verspielt und neugierig ist. Probieren Sie doch einfach mal etwas Neues aus!

**Das glückliche Kind hervorlocken**

Den glücklichen Kindmodus kann man auslösen, indem man …

- sich in einen Haufen Herbstlaub fallen lässt;
- aus vollem Hals ein Lied singt;
- mit Kindern um die Wette läuft;
- sich die Sonne auf den Bauch scheinen lässt;
- ganz viele Purzelbäume macht;
- im Regen spazieren geht;
- die Musik ganz laut aufdreht;
- eine Kissenschlacht startet;
- andere Menschen anlächelt;
- mit jungen Tieren spielt;
- den Geräuschen der Natur zuhört;
- Nutella mit dem Löffel isst;
- auf einer Wiese Federball spielt;
- sich eine Höhle aus Decken baut;
- eine Badewanne mit viel mehr Schaumbad einlässt als nötig;
- …

Nachdem Sie Kontakt zu Ihrem glücklichen Kindmodus hergestellt haben, wird es Ihnen sicherlich viel leichter als vorher fallen, auch Dinge zu tun, die diesen verstärken. Sie wissen jetzt etwas besser, was Sie glücklich und beschwingt macht. Jetzt ist die Frage wichtig, wie Sie dies in Ihren Alltag integrieren können. Folgende Punkte sind dabei wichtig:

**Den glücklichen Kindmodus zu fördern braucht Zeit!** Wenn Sie nur ab und zu mal zehn Minuten für ein Telefonat mit Ihrer Tante Rosi einplanen, werden Sie wahrscheinlich scheitern. Erstens erreichen Sie sie nicht immer genau dann, wenn Sie sich dies wünschen; zweitens sind zehn Minuten einfach zu gehetzt – planen Sie lieber mit einer Stunde!

**Folgen Sie dem »Prinzip der kleinen Schritte«!** Wenn der glückliche Kindmodus in Ihrem Leben bisher sehr sparsam vertreten war, wird er sich nicht sehr schnell in aller Pracht entfalten können! Sie müssen Ihr glückliches Kind hervorlocken und können sich darauf verlassen: Es wird sich darüber freuen und die kleinen Schritte werden mit der Zeit zu einer ganz gehörigen Wegstrecke zusammenkommen!

**Bleiben Sie realistisch!** Gerade Menschen mit vielfältigen Belastungen haben oft kaum die zeitlichen Kapazitäten, häufige und lange Glückliche-Kind-Zeiten einzuplanen. Dann gilt es auch, Kompromisse zu machen. Besser, Sie gehen alle zwei Wochen ins Schwimmbad, als gar nie!

**Beziehen Sie andere mit ein!** Wenn Sie beispielsweise Beruf und Familienpflichten verbinden müssen, wird es kaum sinnvoll sein, sich für Ihr glückliches Kind stundenlange Auszeiten sowohl von Beruf als auch von Familie zu nehmen. Spätestens am dritten Samstag, den Sie nur sich selbst gönnen, werden Sie Streit mit Ihren Kindern bekommen ... Eine gute Lösung für dieses Problem ist es, glückliche Kindmodus-Aktivitäten mit anderen gemeinsam zu starten! Es wird sowieso Ihrer ganzen Familie gut tun, wenn Sie gemeinsam lustige, schöne und leichte Sachen machen! Und der Kindmodus ist vor allem auch dann glücklich, wenn er Spaß und Freude zusammen mit anderen hat.

**Achten Sie auf Ihre Stimmung!** Der glückliche Kindmodus kann nicht »mit der Brechstange« hervorgeholt werden. Selbst wenn Sie im Alltag eine »Insel« für den glücklichen Kindmodus eingeplant haben, kann es trotzdem sein, dass bestimmte Gegebenheiten Ihnen einen Strich durch die Rechnung machen. Wenn Sie von der Arbeit total genervt sind, kann es besser sein, sich zuerst mit dem gesunden Erwachsenenmodus (s. Kap. 5) zu beschäftigen. Entschädigen Sie lieber Ihren glücklichen Kindmodus, indem Sie ihm in einer anderen Stimmung Zeit einräumen.

Wir hoffen, dass Sie in diesem Kapitel viele gute Anregungen für sich gefunden haben. Denken Sie daran, dass für den Glücklichen Kindmodus immer die richtige Zeit ist und dass Sie diesen Modus auf keinen Fall aus dem Auge verlieren sollten! Auch und gerade wenn Sie das Gefühl haben, sehr mit einem dysfunktionalen Modus (z. B. strafender Elternmodus) zu kämpfen, ist es wichtig, dem glücklichen Kindmodus soviel Platz wie möglich im Leben zu geben.

# 9 Dysfunktionale Elternmodi in die Schranken weisen

In Kapitel 3 zu den dysfunktionalen Elternmodi ging es darum, woher solche inneren Stimmen, die uns unter Druck setzen, kommen. Manchmal werten wir uns in diesen Modi selbst ab, hassen uns oder schämen uns für uns selbst. In diesem Kapitel wird dargestellt, dass die Veränderung dieser Anteile wiederum in zwei Schritten erreicht werden kann.

Der erste Schritt besteht darin, eine Art Inventar aufzunehmen. Das bedeutet, zu sammeln und zu klären, welche inneren kritischen Stimmen Sie eigentlich verfolgen, wer diese in Ihnen angelegt hat, seit wann und wo sie in Ihrem Leben wirksam sind. Im zweiten Schritt geht es darum, den Einfluss dieser Stimmen zu reduzieren oder sie – bei einem stark strafenden Elternmodus – auch völlig zum Schweigen zu bringen. Dabei ist es wichtig, zwischen gesundem Erwachsenenmodus und dysfunktionalem Elternmodus genau zu unterscheiden! Auch der gesunde Erwachsenenmodus weiß, dass es wichtig ist, sich zu fordern und auch einmal etwas abzuverlangen, er ist gewissermaßen ein »guter Elternmodus«. Reduziert werden müssen dysfunktionale Elternmodi dort, wo sie Schaden anrichten, weil sie Ihnen verbieten, eigene Bedürfnisse zuzulassen oder Ihnen vorschreiben, immer wieder über Ihre Grenzen zu gehen. Wenn diese Ablehnung und Kritik des eigenen Selbst in regelrechten Selbsthass ausartet, ist dies zu stark und muss reduziert werden – auch wenn eine gesunde konstruktive Selbstkritik im Prinzip eine positive Sache ist.

## 9.1 Kontakt aufnehmen zu dysfunktionalen Elternmodi

Im Zusammenhang mit der Kontaktaufnahme mit inneren Kindmodi haben wir immer wieder imaginative Übungen vorgeschlagen. Imaginationsübungen zu dysfunktionalen Elternmodi sollten Sie eher vorsichtig angehen, da Sie sich, wenn Sie sich in frühe Situationen hineinversetzen, in denen Sie abgewertet, bestraft oder missbraucht wurden, unter Umständen in eine sehr negative Stimmung versetzen können, aus der Sie ohne Hilfe schwer herauskommen können. Daher ist die folgende Imaginationsübung etwas »vorsichtiger« als die Übungen, die Sie bisher kennen gelernt haben.

Übung

**Dysfunktionale Elternmodi kennenlernen**

Machen Sie es sich bequem und entspannen Sie sich. Überlegen Sie dann, in welcher Situation in den letzten Tagen Sie sich ganz besonders stark unter Druck gefühlt haben, obwohl Sie in der Situation – objektiv betrachtet – vielleicht auch recht gelassen hätten sein können. Wann haben Sie sich besonders stark abgelehnt, sich besonders wenig gemocht oder sich besonders stark gezwungen gefühlt, etwas Bestimmtes zu tun, was Sie »eigentlich« gar nicht wollten? Wann war also der Elternmodus besonders stark?

Überlegen Sie als nächstes, worum es ging. Was mussten Sie tun, was konnten Sie sich nicht erlauben, weshalb haben Sie sich abgelehnt? Wie hätten Sie sich gefühlt, wenn Sie das getan hätten, was Sie eigentlich hätten tun wollen? Wären Sie sich dann wie ein Versager vorgekommen, wie ein Verräter, hätten Sie sich schuldig gefühlt oder das Gefühl gehabt, Ihnen stehen keine eigenen Rechte zu? Die Antwort auf diese Fragen hilft Ihnen, den Elternmodus genauer zu charakterisieren.

Wenn es sich um Gefühle von Schuld oder Versagen handelt, steckt wahrscheinlich ein fordernder Elternmodus dahinter, bei Schuld eher ein emotional fordernder Elternmodus, bei Versagen eher ein leistungsfordernder Elternmodus. Stehen dagegen Scham, Selbsthass und extreme Angst vor Bedrohung im Vordergrund, ist Ihr Elternmodus wohl eher strafend.

Wie schon in den vorangegangenen Kapiteln können die nachfolgenden Fragen Ihnen dabei helfen, herauszufinden, ob Sie einen starken strafenden Elternmodus haben.

Spüren Sie nach, mit welcher Stimme dieser Elternmodus spricht. Kommt Ihnen der »Tonfall« bekannt vor? Sehr häufig ►

können Menschen ganz rasch und spontan spüren, welche Personen in ihrer Kindheit diesen Elternmodus angelegt haben. Dies ist wichtig zu verstehen, denn in den Übungen in den nächsten Abschnitten wird es darum gehen, diese Stimme leiser werden zu lassen oder auch völlig zum Schweigen zu bringen. Dafür ist es gut zu verstehen, wo sie eigentlich herkommt.

Anders als bei den verletzlichen Kindmodi ist es nicht ratsam, dass Sie sich ganz und gar in ihren strafenden oder fordernden Elternmodus hineinbegeben. Bleiben Sie bei diesen Übungen bitte zunächst auf einer rational-überlegenden Ebene und versetzen sich nicht allzu intensiv in diese Gefühle. Gehen Sie nur vorsichtig und schrittweise in eine intensive bildliche Vorstellung mit geschlossenen Augen und achten Sie genau darauf, was Sie sich zumuten können und wollen! Gerade stark strafende Elternmodi können rasch »das Gefühlskommando übernehmen«, sodass Sie sich dann sehr schlecht fühlen. Passen Sie daher bei dieser Übung gut auf sich auf! Wenn Sie spüren, dass bedrückende Gefühle auftreten, überlegen Sie, mit wem Sie vielleicht bald darüber sprechen können. Das wird Sie vermutlich entlasten und beruhigen.

Insbesondere bei stark strafenden Elternmodi empfehlen wir Ihnen, sich mit den folgenden Fragen eher gedanklich zu beschäftigen und über Ihre Geschichte und Ihre aktuelle Situation nachzudenken.

**Wo kommen meine »Elternbotschaften« her und wie lauten sie?**
In unserer Kindheit und Jugend erleben wir häufig von den verschiedensten Seiten Forderungen zu Disziplin, Leistung, Bescheidenheit … Manchmal sind dies ganz explizite Sätze, die wir immer wieder gehört haben und die uns gut in Erinnerung geblieben sind. Zum Beispiel: »Der Esel nennt sich stets zuerst.«, »Bescheidenheit ist eine Zier.«, »Ein gutes Mädchen erkennt man an seinen Händen.« oder ähnliche Sprichwörter und Redewendungen. Manchmal sind es eher typische Sätze einer bestimmten Person, z. B. »Muss ich jetzt wieder böse mit dir sein?«

Menschen mit einem eher strafenden Elternmodus kennen oft viel rüdere Bezeichnungen, wie zum Beispiel auch unflätige Schimpfwörter, mit denen sie als Kind gerufen wurden. So wurde einer unserer Patienten als Junge von seinem Vater häufig als »Nullnummer« bezeichnet.

Legen Sie anhand des Arbeitsblattes »Elternbotschaften identifizieren« (in den Online-Materialien) eine Liste an, welche Botschaften aus Ihrer Kindheit und Jugend sich bei Ihnen tief »eingegraben« haben. Spüren Sie nach, welche dieser Botschaften auch heute noch eine wichtige Rolle spielen und welche nicht mehr so stark wirksam sind. Welche Bedeutung haben diese verschiedenen Sätze heute in Ihrem Leben? Zu welchen Gefühlen führen sie? Welche Verhaltensweisen von Ihnen gehen darauf zurück und wie geht es Ihnen damit?

**Treffen Sie eine Unterscheidung: Über welche Regeln und Botschaften ist der gesunde Erwachsene heute froh, welche sind nicht hilfreich?** Sicherlich werden Sie bei der einen oder anderen »Elternbotschaft« berechtigterweise der Ansicht sein, dass diese gut ist und Ihnen hilft. Häufig haben Eltern oder Erziehungspersonen z. B. großen Wert auf Disziplin gelegt, und obwohl das heute manchmal lästig oder langweilig erscheint, sind Sie vielleicht froh, dass Ihnen dies mitgegeben wurde. Oder Sie haben gelernt, sich gut um andere zu kümmern, und sind Ihren Kindern dadurch ein guter Vater.

Solche »guten« Botschaften sind nach dem schematherapeutischen Konzept Teil des gesunden Erwachsenenmodus, dessen Funktion auch darin besteht, Leistung zu erbringen und Regeln zu befolgen (s. Kap. 5). Häufig stehen hinter den guten und schlechten Botschaften bestimmte Lebensregeln, die eine Person im Laufe ihres Lebens erworben hat.

Allerdings wird es auch diejenigen Botschaften geben, die Sie unter Druck setzen, ohne dass dies Ihnen oder jemand anderem wirklich weiter hilft. Ganz besonders gilt das natürlich für die starke Selbstabwertung des strafenden Elternmodus. Der Einfluss dieser Botschaften auf Ihr Leben muss abgeschwächt werden, wenn es Ihnen dadurch schlecht geht. Wie so häufig geht es hier also um die

Frage des rechten Maßes – Disziplin und Kritikfähigkeit sind grundsätzlich wünschenswert; aber dauernde Selbstkritik und übermäßiger Leistungsdruck legen Sie lahm und machen Sie unglücklich.

Versuchen Sie doch einmal anhand des Arbeitsblatts »Elternbotschaften« (in den Online-Materialien) herauszufinden, welche Ihrer »Elternbotschaften« Sie dem gesunden Erwachsenen zuordnen und welche eher dem strafenden oder fordernden Elternmodus. Um diese Unterscheidung treffen zu können, sollten Sie sich gut mit den Eigenschaften dieser Modi vertraut gemacht haben, die im ersten Teil dieses Buchs beschrieben sind (s. Kap. 3 und 5).

Nach der Einteilung Ihrer Elternbotschaften in Botschaften des gesunden Erwachsenen und des dysfunktionalen Elternmodus sollten Sie als Nächstes eine Entscheidung treffen, welche dieser Botschaften Sie weiterhin befolgen möchten und welche Sie in ihrem Einfluss reduzieren möchten. Dabei ist es sinnvoll, diejenigen Sätze, die Sie dem gesunden Erwachsenen zuordnen, zu behalten, und die fordernden oder strafenden Elternsätze, die Sie unter Druck setzen, auf die Änderungsliste zu setzen. Sicher ist es dabei sinnvoll, sich auch zu überlegen, durch welche, vielleicht etwas gemäßigteren Sätze, Sie solche Regeln ersetzen möchten, die revisionsbedürftig sind (s. Abschn. 2.1.2).

**Fallbeispiel**

Zu Beginn von Kapitel 3 haben Sie Miriam, Andrea und Martin kennen gelernt, die ganz unterschiedliche Elternmodi haben. Die drei haben auch ganz unterschiedliche Botschaften der Elternmodi für sich herausgearbeitet:

| Elternbotschaft von Miriam | Biografischer Ursprung | Modus |
|---|---|---|
| (1) Wenn du dich nicht um andere kümmerst, bist du ein schlechter Mensch! | Mutter | Fordernder Eltern-modus |
| (2) Deine Gefühle und Bedürfnisse spielen keine Rolle! | Mutter | Strafender Eltern-modus |
| (3) Wenn du dich anstrengst, kannst du Ziele erreichen. | Lehrer, Vater | Gesunder Erwach-sener |

Die erste Lebensregel möchte Miriam verändern. Sie soll in Zukunft lauten »Es ist gut, wenn du dich um andere kümmerst. Aber deine eigenen Bedürfnisse sind auch wichtig und sollten mit den Bedürfnissen anderer abgewogen werden.« Die zweite Lebensregel sollte gestrichen werden, da sie keinen nützlichen Hintergrund für Miriams Leben bietet. Bei der dritten Regel spürt Miriam, dass sie ihr viel hilft und nicht in schwere Überforderung führt, deshalb wird sie dem gesunden Erwachsenen zugeordnet und soll weiter eine leitende Rolle in Miriams Leben spielen.

▶

| Nonnenbotschaften von Andrea | Biografischer Ursprung | Modus |
|---|---|---|
| (1) Du darfst nichts Gutes essen! | Nonnen | Strafender Elternmodus |
| (2) Du hast kein Vergnügen verdient! | Nonnen | Strafender Elternmodus |
| (3) Deine Bedürfnisse nach Genuss sind schlecht; Genuss ist etwas Böses! | Nonnen | Strafender Elternmodus |
| (4) Wenn du einen Fehler machst, bist du eine Versagerin! | Nonnen | Strafender Elternmodus |

Die Botschaften, die Andrea von den Nonnen mit auf den Weg bekommen hat, verneinen ihr Recht darauf, eigene Gefühle und Bedürfnisse zu haben und sich gut um sich selbst zu kümmern. Sie führen vor allem dazu, dass Andrea sich selbst, ihren Körper und ihre Bedürfnisse hasst und ablehnt. Andrea nimmt sich vor, an der Reduktion all dieser Sätze zu arbeiten, um endlich ein zufriedeneres Leben führen zu können.

| Elternbotschaft von Martin | Biografischer Ursprung | Modus |
|---|---|---|
| (1) Erst die Arbeit, dann das Vergnügen! | Modell der Eltern | Fordernder Elternmodus |
| (2) Es ist wichtig, dass es dir gut geht. | Aussage der Eltern | Gesunder Erwachsener |

▶

Martin hat Sätze des fordernden Elternmodus im Kopf, die ihn v. a. zu Leistung und Gewissenhaftigkeit im Beruf antreiben. Gleichzeitig hat er von seinen Eltern auch die Idee mitbekommen, dass es gut und wichtig ist, neben dem Beruf Interessen zu haben und sich um sich selbst gut zu kümmern. Daher steht seinem fordernden Elternmodus auch ein starker gesunder Erwachsener zur Seite.

Er wünscht sich, die Anforderungen seines fordernden Elternmodus zu reduzieren. In Zukunft soll es heißen: »Die Arbeit ist wichtig und es ist gut, wenn du erfolgreich bist. Aber Ausgleich muss sein, Arbeit ist nicht alles!«

## 9.2 Reduktion der Elternbotschaften

Im Folgenden geht es darum, wie Sie dysfunktionale Elternmodi verändern können. Dabei ist es zunächst wichtig, neue Lebensregeln für sich zu definieren und den Wahrheitsgehalt der Elternbotschaften zu überprüfen. Im Anschluss können Sie lernen, dem dysfunktionalen Elternmodus immer lauter zu widersprechen und seinen Einfluss auf Ihr Leben zu reduzieren.

**Neue Lebensregeln finden.** Überlegen Sie, wie Sie die Lebensregeln, die zu Ihrem fordernden oder strafenden Elternmodus gehören, durch eine alternative Lebensregel Ihres gesunden Erwachsenen ersetzen könnten. In den Online-Materialien finden Sie zwei Beispiele. Versuchen Sie, diese durch Ihre eigenen Beispiele zu ergänzen.

**Den Wahrheitsgehalt der Elternbotschaften überprüfen.** Wenn Sie beginnen, sich mit den Elternbotschaften zu beschäftigen, kann es passieren, dass Sie ins Zweifeln kommen, ob Ihr dysfunktionaler Elternmodus nicht doch Recht hat mit dem, was er sagt. Dieses Zweifeln ist ganz normal, der Elternmodus hat ja für sehr lange Zeit zu Ihrem Bild von sich selbst gehört. Wenn diese abwertende Stimme laut genug ist, entwickelt man häufig etwas, das in der Psychologie → selektive Wahrnehmung genannt wird. Leichter verständlich wird dies am folgenden Beispiel.

**Fallbeispiel**

Der strafende Elternmodus von Sandra P. hat die Botschaft: »Du bist viel zu hässlich, deshalb findest du nie einen Mann.« Weil sie diese Stimme für so lange Zeit gehört hat, hat diese auch ihre Wahrnehmung beeinflusst. Wenn sie in den Spiegel schaut, sieht sie nur ihre vermeintlich zu große Nase. Ihre schönen Augen und ihre tollen Haare beachtet sie überhaupt nicht. Genauso wenig bemerkt sie, dass ihr guter Freund, mit dem sie seit Jahren Tennis spielt, schon lange in sie verliebt ist.

Versuchen Sie einmal, Argumente und Fakten dafür zusammenzustellen, warum Ihr fordernder oder strafender Elternmodus im Unrecht ist. Diese Aufgabe wird Ihnen zunächst nicht leicht fallen, aber geben Sie nicht gleich auf. Dem Elternmodus zu widersprechen erfordert viel Übung! Das Arbeitsblatt »Dem Elternmodus widersprechen« (in den Online-Materialien) kann Ihnen dabei helfen. Wenn Sie merken, dass es Ihnen zu schwer fällt, kann es eine große Hilfe sein, gemeinsam mit einer vertrauten Person die Botschaften des Elternmodus zu überprüfen.

Nachdem Sie festgelegt haben, welche Botschaften Sie in ihrem Einfluss auf Ihr Leben reduzieren wollen, kommt die – manchmal langwierige – Aufgabe, die Wirkung und die Stärke der Elternmodusstimmen abzuschwächen. Suchen Sie sich heraus, welche Botschaften Sie als erstes angehen möchten.

**Übungen, um Elternbotschaften zu reduzieren**

- **Einsatz von Symbolen.** Häufig ist es hilfreich, einen Gegenstand (z. B. eine kleine Puppe, Stein, Muschel, Stoppschild etc.) als Symbol und Erinnerung bei sich zu tragen. Dies kann einen immer wieder daran erinnern, dass man einer bestimmten Elternbotschaft nicht mehr folgen möchte. Beispielsweise kann ein kleines Stoppschild auf dem Schreibtisch daran erinnern, auch Grenzen zu setzen und nicht zu allen Zusatzaufträgen »ja« zu sagen.
- **Postkarte oder Brief an sich selbst.** Zur Bekräftigung des Vorsatzes, einen bestimmten Elternsatz zu reduzieren, können Sie eine

Postkarte an sich selbst schreiben, in der Ihr Recht auf diesen Veränderungsschritt noch einmal betont wird.

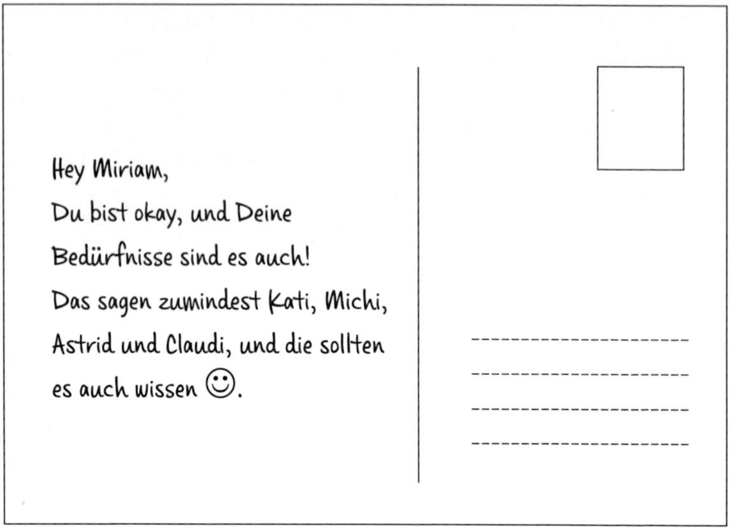


- **Unterstützung durch andere.** So eine Postkarte kann dadurch besonders wirkungsvoll werden, dass auch Sätze von anderen Menschen, die Ihre Bedürfnisse anerkennen, darauf stehen. Oder das Bild von Menschen, die dem Elternmodus widersprechen würden (z. B. Ihr Partner, Familie, Freundin), kann z. B. den Computer-Bildschirm verzieren, sodass Sie jedesmal in Ihren Vorsätzen bestätigt werden, wenn Sie auf den Bildschirm blicken.

Wenn Sie einen stark strafenden Elternmodus haben (wie z. B. Andrea in Kap. 3), dann fällt es Ihnen möglicherweise sehr schwer, die oben genannten Vorschläge umzusetzen, weil der strafende Elternmodus sich darüber lustig macht oder es Ihnen verbietet. Sie haben dann möglicherweise Schuldgefühle oder bekommen das Gefühl, dass der Elternmodus immer stärker wird.

In solchen Fällen ist die Unterstützung von anderen Menschen besonders wichtig. Diese kann real sein, indem Sie über die Themen, die mit dem Elternmodus zusammen hängen, auch mit anderen Menschen sprechen. Häufig werden Sie eine Therapeutin oder einen Therapeuten benötigen, der damit professionell umgehen kann.

Die Unterstützung anderer kann aber auch in der Vorstellung stattfinden. Viele Menschen machen das ganz automatisch – wenn sie ein Problem haben oder sich über etwas Sorgen machen, sprechen sie dies in ihrer Vorstellung mit einem Menschen durch, der sie unterstützt und ihre Bedürfnisse anerkennt. Kennen Sie dieses Phänomen? Meistens tritt es automatisch auf, Sie können aber auch einmal versuchen, ganz gezielt mit Ihrem »Inneren Helfer« zu sprechen und Kontakt aufzunehmen, wenn Sie spüren, dass Ihr strafender Elternmodus Ihnen wieder etwas verbieten möchte oder Ihnen wieder ein Recht auf Ihre Bedürfnisse verweigert. Wenn Sie nicht die Gewohnheit haben, andere Menschen als innere Helfer »einzusetzen«, sollten Sie es einmal ausprobieren – vielleicht hilft es auch Ihnen!

**Übung**

**Übung zum Inneren Helfer**

Die Sätze Ihres strafenden Elternmodus sind Ihnen sicher sehr präsent. Doch nun überlegen Sie auch einmal, welche Menschen es in Ihrem Leben gibt oder gab, die einen ganz anderen Blick auf Sie haben als die Personen, die den strafenden Elternmodus in Ihnen angelegt haben. Das kann z. B. eine Großmutter oder eine liebevolle Tante aus Ihrer Kindheit sein; vielleicht ist es aber auch eine gute Freundin oder Ihr Partner bzw. Ihre Partnerin.

Wenn Sie einen solchen »inneren Helfer« gefunden haben, können Sie sich einer aktuellen Situation zuwenden, in der Ihr strafender Elternmodus das Sagen hat. Vielleicht beschimpfen Sie sich selbst für Ihr Verhalten in einer Beziehung, obwohl Sie wahrscheinlich nicht allein die Schuld tragen und ein bisschen Nachsicht Ihnen auch gut täte? Oder Sie hassen sich dafür, dass Sie im Urlaub zwei Kilogramm zugenommen haben? Oder Sie haben das Gefühl, einfach nur peinlich zu sein, sobald Sie in der Öffentlichkeit den Mund aufmachen?

►

Wenn Sie eine solche Situation gefunden haben, dann stellen Sie sich vor, dass Sie Ihrem »inneren Helfer« davon erzählen. Wichtig ist, dass Sie dann die Antwort abwarten. Was sagt Ihr »innerer Helfer«? Prüfen Sie, ob die Antwort zeigt, dass er oder sie Ihre Bedürfnisse und Gefühle grundsätzlich akzeptiert und Sie wohlwollend betrachtet. Wenn dies nicht der Fall ist, hat sich womöglich schon wieder der strafende Elternmodus eingeschaltet. Dann ist es eventuell tatsächlich besser, das alles in einer Therapie zu besprechen. Wenn Sie jedoch merken, dass die Antwort des »inneren Helfers« Ihnen gut tut, dann können Sie einen Schritt weiter gehen und eine Imaginationsübung anschließen. Stellen Sie sich vor, Sie sind in einer Situation, in der der strafende Elternmodus »zuschlägt«. Bringen Sie jetzt Ihren »inneren Helfer« in Gedanken in die Situation hinein. Wie fühlt sich das an? Was sagt er? Was brauchen Sie in der Vorstellung, um den Einfluss des Elternmodus weiter zu schwächen?

Die Veränderung von dysfunktionalen Elternmodi wird eine Weile brauchen. Doch sie lohnt sich – Sie werden merken, wie Sie sich freier und entspannter fühlen und einen viel besseren Zugang zu Ihren eigenen Bedürfnissen bekommen, wenn Sie entscheiden, gegen diese Modi in Ihrem Leben vorzugehen! Bedenken Sie dabei, dass Krisen und Probleme im Leben (z. B. Eheprobleme oder Schwierigkeiten mit Kollegen) in der Regel auch mit einer Verstärkung von dysfunktionalen Elternmodi einhergehen. Das ist normal und darf Sie nicht entmutigen, auf diesem Weg weiterzugehen!

# 10 Bewältigungsmodi reduzieren

Auch bei Bewältigungsmodi gilt wie bei allen anderen Modi, dass es ist zunächst wichtig ist, sie gut kennenzulernen. Einen Zugang dazu, welche Art von Bewältigungsmodi Sie haben, erreichen Sie daher am ehesten durch Nachdenken sowie im Austausch mit Menschen, denen Sie vertrauen. Das kann natürlich ein Therapeut sein; aber auch Freunde, Partner, Geschwister oder gut vertraute Arbeitskollegen sind hier sicherlich gute Informationsquellen. Außerdem können Sie überlegen, welche Rückmeldungen Sie schon von anderen Menschen bekommen haben. Kommt es zum Beispiel immer wieder vor, dass Ihnen andere sagen, Sie würden sich vor wichtigen Dingen drücken (Vermeidungsmodus)? Oder wurden Sie schon öfter gefragt, warum Sie es sich eigentlich immer wieder antun, sich so demütigen zu lassen (Unterwerfungsmodus)? Oder ist Ihnen häufiger vorgeworfen worden, Sie seien arrogant oder unangemessen aggressiv (Überkompensationsmodus)? Solche Bemerkungen anderer Menschen sind höchst wertvolle Informationen, um etwas über Ihre Bewältigungsmodi zu lernen! Denn da sich Bewältigungsmodi innerlich oft eher neutral oder recht gut anfühlen, können Außenbeobachter manchmal sogar besser als wir selbst wahrnehmen, welcher Bewältigungsmodus typisch für uns ist. Das ändert sich allerdings, wenn Sie Ihre Bewältigungsmodi gut verstanden haben – dann wird es Ihnen viel leichter fallen, festzustellen, wann Sie mal wieder in Ihren Bewältigungsmodus »gerutscht« sind.

## 10.1 Bewältigungsmodi kennenlernen

### Fragen, um Ihren Bewältigungsmodi herauszufinden

- Welche Rückmeldung bekommen Sie von Freunden oder Arbeitskollegen?
- Kommt es dabei auch vor, dass verschiedene Menschen, womöglich aus verschiedenen Lebensbereichen (z. B. Arbeit, Freizeit,

privat) ähnliche Verhaltensweisen an Ihnen auffallen?

- Wie reagieren Sie auf emotionalen Stress, z. B. Ärger in Beziehungen oder auf der Arbeit?
- In welchen Bewältigungsstilen haben Sie sich in Kapitel 4 wiedergefunden?
- Fragen Sie Freunde, Partner oder andere vertraute Menschen ruhig ganz direkt, wie sie Ihren Bewältigungsstil einschätzen! Möglicherweise haben diese eine gut nachvollziehbare Meinung, berichten Ihnen das jedoch nicht von sich aus.

Bedenken Sie dabei, dass es den meisten Menschen eher leicht fällt festzustellen, wann sie sich unterwerfen oder vermeiden. Denn wenn man zu diesen Mustern neigt, spürt man oft deutlich, dass man immer wieder in Situationen kommt, mit denen man emotional nicht gut zurechtkommt. Etwas schwieriger ist es mit Überkompensation. Wenn man gerade in der Überkompensation steckt und beispielsweise angibt oder andere angreift, fühlt sich das ganz gut an; auf negative Gefühle mag man dann gar nicht blicken … Deshalb ist es oft eher schwierig, sich Überkompensation »einzugestehen«. Zum Erkennen von Überkompensation kann wiederum eine Imaginationsübung hilfreich sein.

**Übung**

**Imaginationsübung**

Wenn Sie nicht sicher sind, woher die Unterwerfung oder ein anderer Bewältigungsstil in Ihrem Leben kommt, kann diese Imaginationsübung hilfreich sein. Schließen Sie die Augen und versetzen Sie sich in eine Situation, in der dieser Bewältigungsmodus stark vorhanden war. Spüren Sie nach, was Sie tun, wie Ihre Stimme klingt, was Sie sagen, welche Gefühle Sie erleben, wie sich Ihr Körper anfühlt. Wenn Sie sich so intensiv wie möglich in diese Situation hineinversetzt haben, dann bauen Sie eine → Affektbrücke. Lassen Sie Ihren Geist in Ihre Kindheit und Jugend schweifen: Welche Bilder tauchen vor Ihrem inneren Auge auf? Was für Menschen, Situationen, Gefühle und

Bedürfnisse sind beteiligt? Spüren Sie auch in frühere Situationen gut hinein. Beenden Sie dann die Übung und denken Sie darüber nach: Welche Zusammenhänge sind deutlich geworden? Welche Fragen sind noch offen?

**Fallbeispiel**

**Beispiel 1**

Helga P. hat schon häufiger von Freunden und ihrem Mann gesagt bekommen: »Jetzt ziehst du dich wieder zurück und hältst dich wie immer raus«. Diese Bemerkung weist darauf hin, dass Helga vermutlich aus Sicht der Umwelt einen stark *vermeidenden* Bewältigungsmodus hat, der vor allem mit sozialem Rückzug einhergeht. Als sie über einen kürzlich stattgefundenen Konflikt mit ihrer Nachbarin nachdenkt, stellt sie fest, dass sie sich in diesem Fall tatsächlich vor einer Auseinandersetzung gedrückt hat und der Nachbarin mehrere Wochen lang aus dem Weg ging. *Um noch genauer zu verstehen, wo dieses Muster überall wirksam ist, fragt sie ihren Mann und bittet auch eine Freundin, die dies schon öfter gesagt hat, ihr das genauer zu erklären.*

**Beispiel 2**

Jutta L. ist eine sehr hilfsbereite und aufopfernde Krankenschwester, die schon öfter von ihren Kolleginnen fast zurechtgewiesen wurde, dass sie nicht immer die unangenehmen Zusatzaufgaben übernehmen soll, um die sich sonst alle drücken. Einige der Kollegen würden sich nie für diese Aufgaben melden, da sie wissen, dass im Zweifelsfall immer Jutta nachgibt, wenn ein Freiwilliger gesucht wird. Dies klingt verdächtig nach einem *unterwerfenden* Bewältigungsmodus – vermutlich fühlt sich Jutta L. unter so großem Druck, wenn eine neue Aufgabe ansteht, dass sie sich der Anforderung stets unterwirft und sich eher auf eigene Kosten sehr überlastet, anstatt auch auf angemessene Grenzen bezüglich Arbeitszeit und -aufwand zu achten. Tatsächlich verbringt Jutta soviel Zeit bei der Arbeit, dass sich schleichend eine Freundin nach der anderen aus den Augen verliert. *Als sie dann endlich einmal, auf Drängen ihres Vorgesetzten, zwei Wochen Urlaub hat, wird ihr klar, dass sie ihr Privatleben völlig vernachlässigt hat.*

**Beispiel 3**

Markus L., den narzisstischen Oberarzt, kennen Sie aus Abschnitt 4.3. Seine Frau hat sich schon oft über sein »Gehabe« beschwert. Nun hat sie einiges über Bewältigungsstile gelesen und legt ihm einen Artikel über Überkompensation hin, mit dem Hinweis, dass sie fände, dass er darüber mal nachdenken solle. Markus überfliegt den Text und ist empört – was bildet sie sich eigentlich ein! *Allein, bei einem Bier, denkt er etwas darüber nach und muss sich widerwillig eingestehen, dass da schon etwas dran sein könnte – z. B. fühlt er sich manchmal sehr schlecht und zurück gewiesen, wenn ein Kollege mehr Lorbeeren bekommt als er, und haut dann besonders auf die Pauke.* Als seine Frau ihn ein paar Tage später darauf anspricht, tut er allerdings erstmal, als wüsste er gar nicht mehr, wovon sie redet.

## 10.2 Bewältigungsmodi reduzieren

Das Hauptziel besteht darin, die Bewältigungsmodi soweit zu reduzieren, dass sie Ihnen bei der Erfüllung Ihrer tatsächlichen Bedürfnisse nicht mehr hinderlich sind. Es ist aber wichtig zu berücksichtigen, dass jeder Bewältigungsmodus grundsätzlich seine Berechtigung hat und es sogar gut ist, wenn man als Mensch in einem gewissen Maße über verschiedene Bewältigungsmodi verfügt. Zum Beispiel ist es bei einem ausweglosen Konflikt auf dem Arbeitsplatz gut, wenn man sich emotional distanzieren und gewissermaßen einen vermeidenden Bewältigungsmodus »einschalten« kann. Ein Problem mit Bewältigungsmodi tritt dann auf, wenn diese zu Leiden führen, weil sie zu stereotyp sind und der Betroffene nicht gut aus ihnen heraus kommt, auch wenn er es eigentlich möchte.

**Vor- und Nachteile herausfinden.** Um zunächst ein Gefühl dafür zu bekommen, wo Ihr Bewältigungsmodus sinnvoll ist und wo er Ihnen Probleme bereitet, sollten Sie eine sogenannte Pro- und Kontra-Liste erstellen. Bei einer Pro- und Kontra-Liste werden auf einem Blatt Papier zwei Spalten angelegt. Die linke Spalte ist die »Pro-Seite«, hier werden alle Vorteile des Bewältigungsmodus aufgelistet. Die rechte Seite ist die »Kontra-Seite«, hier werden die Nachteile aufgelistet. Im folgenden Kasten finden Sie beispielhaft die Vor- und Nachteile eines vermeidenden Bewältigungsmodus wie von Dirk B. (s. Abschn. 4.2) sowie des überkompensatorischen Bewältigungsmodus von Markus L. (s. Abschn. 4.3). Auf dem Arbeitsblatt »Pro- und Kontra-Liste« können Sie eine solche Liste für Ihren eigenen Bewältigungsmodus aufstellen. Oft stehen dabei auf der Pro-Seite eher kurzfristige Vorteile, während auf der Kontra-Seite vor allem langfristige Probleme auftauchen (→ Problemverhalten).

| **Bewältigungsmodus** | **Vorteile** | **Nachteile** |
|---|---|---|
| **Dirk B.: Vermeidung als Bewältigungsstil** | ▶ Ich riskiere keine Enttäuschung, d. h. wenn ich nicht zu Klausuren gehe, laufe ich auch keine Gefahr, diese nicht zu bestehen.<br>▶ Ich schütze mich vor Verletzung, weil kein enger Kontakt oder eine Beziehung aufgebaut wird.<br>▶ Ich muss mich nicht mit der eigenen Unsicherheit konfrontieren ⇒ beim Fernsehen fühle ich mich sicher und unabhängig. | ▶ Ich gebe meinen Kommilitonen keine Chance, mich anders zu behandeln als meine früheren Klassenkameraden.<br>▶ Ich kann nicht die Erfahrung machen, dass ich inzwischen vielleicht akzeptiert und gemocht werde.<br>▶ Ich habe keine Freundin, obwohl ich mir das wünschen würde.<br>▶ Ich kann meine Ziele (z. B. Abschluss des Studiums) nicht verwirklichen, weil ich die Klausuren meide. |

▶

| **Bewältigungsmodus** | **Vorteile** | **Nachteile** |
|---|---|---|
| | ▶ Ich kann dem Vergleich mit anderen aus dem Weg gehen. | ▶ Da ich nie etwas riskiere, kann ich auch nichts gewinnen (Freunde, gute Leistungen). Das schwächt mein Selbstwertgefühl weiter. |
| **Markus L.: Überkompensation als Bewältigungsstil** | ▶ Ich fühle mich in dem Moment gut und überlegen.<br>▶ Ich verschaffe mir Respekt und werde nicht kritisiert oder in Frage gestellt.<br>▶ Mein Auftreten wird zur selbsterfüllenden Prophezeiung, d. h. die anderen Leute schätzen mich kompetenter ein. | ▶ Ich werde von meinen Kollegen nicht gemocht.<br>▶ In einer kritischen Situation wäre vermutlich keiner meiner Kollegen loyal zu mir.<br>▶ Ich nerve meine Frau mit meinem »Gehabe« und riskiere, sie zu verlieren.<br>▶ Die Zweifel und Unsicherheiten im Vergleich mit den Kollegen nagen weiter an mir |

Aus dieser Liste ergibt sich hoffentlich schon ein recht gutes Bild, in welchen Lebensbereichen der Bewältigungsmodus besonders störend oder schädlich für Sie ist und wo Ansatzpunkte für Veränderungen sein könnten. Außerdem können Sie hier sehen, dass bei Bewältigungsmodi häufig Vor- und Nachteile, zumindest auf kurze Sicht, fast ausgeglichen sein können. Anders als z. B. bei sehr strafendem Elternmodus kann es deshalb nicht das Ziel sein, den Bewältigungsmodus einfach »über Bord zu werfen«.

**Veränderungen planen.** Die nächste Frage wäre dann: Wo wollen Sie den Bewältigungsmodus reduzieren? Wo wollen Sie mehr im gesunden Erwachsenenmodus kommunizieren, Ihre Gefühle direkter zeigen und Bedürfnisse oder Grenzen klarer ausdrücken? Häufig betrifft dies vor allem Beziehungen, sowohl privater wie beruflicher Art.

**Fallbeispiel**

**Veränderungswünsche Dirk B.**

- Ich will mich den Seminaren und Klausuren in meinem Studium stellen.
- Ich will nächste Woche einen Termin mit meinem Professor wegen meiner Diplomarbeit vereinbaren.
- Ich will wenigstens zwei oder drei Leute an der Uni so gut kennen lernen, dass ich mich in ihrer Gegenwart nicht mehr unwohl fühle.
- Ich will zwei Abende in der Woche nicht mehr allein zu Hause verbringen.

Für die Veränderung von Bewältigungsmodi ist es grundsätzlich sehr gut zu wissen, welche Tätigkeiten oder Aktivitäten Sie in den gesunden Erwachsenenmodus bringen (s. Kap. 5). Viele Menschen berichten zum Beispiel, dass sie sich ganz bei sich fühlen und gar nicht vermeiden oder überkompensieren, wenn sie mit anderen Menschen Musik machen, z. B. im Chor singen. Manche Menschen fühlen sich auch im Umgang mit Kindern oder mit Tieren so sicher, dass sie keinen Bewältigungsmodus brauchen.

Wenn Sie wissen, in welchen Situationen Sie Ihren Bewältigungsmodus nicht benötigen, kann Ihnen das vielleicht helfen, in anderen Situationen auch besser ohne den Bewältigungsmodus zurechtzukommen. Sie können diese Situationen wie einen inneren »sicheren Ort« nutzen.

Für die folgende Übung benötigen Sie in Ihrer Vorstellung zwei Situationen – eine »sichere«, ohne Bewältigungsmodus, und eine andere Situation, die für Sie schwierig ist und in der Sie normalerweise in Ihrem Bewältigungsmodus reagieren.

**Übung**

Versetzen Sie sich in Ihrer Vorstellung zunächst in die sichere Situation – z. B. im Chor oder beim Umgang mit Tieren. Spüren Sie die Gefühle, die da sind, und verankern Sie diesen entspannten und sicheren Zustand so fest wie möglich in sich. Gehen Sie dann in Gedanken in die schwierige Situation und versuchen Sie dabei, die sicheren und entspannten Gefühle so gut wie möglich mitzunehmen. Vielleicht können Sie dafür auch eine Person, die in der guten Situation beteiligt ist, in der Vorstellung mitnehmen in die unsichere Situation. Spüren Sie nach, ob sich durch diese Übung in der unsicheren Situation Ihre Gefühle etwas verändern!

**Unterwerfung reduzieren.** Wenn Sie eine Liste aufgesetzt haben, was Sie ändern wollen, dann überlegen Sie, welche konkreten Situationen Sie anders angehen möchten. Zum Beispiel kann es sein, dass Sie schon immer Ihre Büronachbarin darauf hinweisen wollten, dass sie ihren Mantel nicht über alle Kleiderhaken hängen soll, sodass Sie auch einen Kleiderhaken für Ihren Mantel haben. Oder es ärgert Sie schon sehr lange, dass in Ihrer Familie niemand außer Ihnen die Schuhe im Flur aufräumt. Bedenken Sie dabei, dass Veränderungen immer nur in kleinen Schritten stattfinden. Beginnen Sie mit Kleinigkeiten und steigern Sie sich langsam!

**Übung**

**Reduktion von Unterwerfung**

Planen Sie konkrete, realistische und nicht zu große erste Veränderungsschritte. Entwickeln Sie eine Alternative: Überlegen Sie sich, wie Sie sich verhalten möchten. Wichtig ist nicht nur, nicht mehr das Bewältigungsverhalten zu zeigen, sondern auch eine positive »Vision« der Veränderung zu haben.

Stellen Sie sich Ihr verändertes Verhalten als allererstes in einer Imaginationsübung vor. Machen Sie es sich bequem, schließen Sie die Augen und stellen Sie sich ganz genüsslich ▶

vor, wie Sie das neue Verhalten, das Sie ausprobieren möchten, tatsächlich umsetzen.

Wenn Sie spüren, dass sich ein schlechtes Gewissen meldet, dann prüfen Sie, ob es ein fordernder oder strafender Elternmodus ist, und begegnen Sie diesem mit einer Botschaft gegen den strafenden oder fordernden Elternmodus.

Nun versuchen Sie, Ihre »Vision« in einer zunächst einfachen Situation umzusetzen.

Seien Sie nicht unzufrieden, wenn es Ihnen nicht perfekt gelingt. Auf jeden Fall lernen Sie etwas, wenn Sie es versucht haben! Und auch ein kleiner Schritt ist ein guter Schritt!

Setzen Sie das veränderte Verhalten in immer mehr Situationen Ihres alltäglichen Lebens um!

Belohnen Sie sich unbedingt für Ihre Fortschritte! Loben Sie sich und klopfen Sie sich innerlich selbst auf die Schulter; oder gönnen Sie sich ein Eis, ein schönes Bad oder ein kleines Geschenk!

**Fallbeispiel**

Theo F. (s. Kap. 4) hat sich vorgenommen, sich nicht mehr immer und überall zu unterwerfen. Er weiß auch schon, wo er anfangen will – bei einem Klienten, der es einfach immer wieder schafft, dass Theo lästige Erledigungen übernimmt, um die sich der Klient eigentlich selbst kümmern sollte. Beim nächsten Treffen lässt Theo es einfach bleiben, seine Unterstützung anzubieten; als der Klient ihn fragt, ob er es ihm abnehmen könnte, verneint er freundlich. Nach dem Treffen fühlt er sich wie befreit und nimmt sich fest vor, in Zukunft häufiger so zu reagieren.

**Vermeidung reduzieren.** Die Reduktion von vermeidendem Verhalten kann ein sehr schwieriges Unterfangen sein. Dies liegt daran, dass Vermeidung ein Verhaltensmuster ist, das kurzfristig immer entlastend wirkt und dadurch sehr gut verstärkt wird. Langfristig führt es allerdings zu enormen Problemen (→ Problemverhalten).

Nun ist es bei manchen Problemverhaltensweisen so, dass es sofort auch angenehm ist, wenn man etwas anderes tut. Falls Sie zu Unterwerfung neigen, werden Sie beispielsweise merken, dass Sie zwar möglicherweise ein schlechtes Gewissen bekommen, wenn Sie sich einmal nicht unterwerfen. Gleichzeitig wird es sich wahrscheinlich schon beim ersten Mal jedoch auch gut und befreiend anfühlen, sich nicht unterwerfen zu müssen. Mit Vermeidung ist es leider häufig etwas anders. Wenn Sie zum ersten Mal etwas wagen, das Sie bis jetzt immer vermieden haben, kann es sein, dass Sie dies zunächst ausschließlich stressig finden und keine positiven Erfahrungen damit machen. Diese kommen häufig erst mit der Zeit. Das heißt, für die Reduktion von Vermeidung brauchen Sie Geduld, Konsequenz und einen langen Atem!

Wichtig ist deshalb auch, dass sie sich genau über die langfristigen Nachteile von Vermeidung im Klaren sind (s. Kap. 4). Dies kann Ihnen dabei helfen, die Motivation aufrecht zu erhalten. Davon abgesehen gilt für die Reduktion der Vermeidung grundsätzlich das gleiche wie für die Reduktion von Unterwerfung (s. obigen Kasten und Arbeitsblatt »Pro- und Kontra-Liste«).

**Fallbeispiel**

Dirk B. hat sich vorgenommen, zu seinen Kommilitonen mehr Kontakt zu finden. Als die nächste WG-Party angekündigt wird, fasst er sich ein Herz und sagt zu, dass er auch kommt. Am Abend ringt er lange mit sich und taucht dann gegen 23 Uhr auf der Party auf. Dort sieht er nur wenige bekannte Gesichter und die meisten Gäste sind schon ziemlich angetrunken. Dirk B. steht viel allein in der Küche des Gastgebers herum und fühlt sich ziemlich unwohl, wie ein »Alien«. Nur kurz unterhält er sich mit einem Mitstudenten aus seinem Semester, der sich ebenfalls für Computerspiele interessiert. Dieser verlässt jedoch die Party schon bald, weil er am nächsten Tag arbeiten muss. Dirk merkt sofort, wie sein strafender Elternmodus »anspringt« mit der Botschaft: »Du gehörst einfach nicht dazu.« Als er die Party verlässt, ist er ziemlich enttäuscht und ausgelaugt von all der Anspannung. In der nächsten Woche trifft er den Studenten von der Party wieder, dieser lädt Dirk zu sich nach Hause ein, um gemeinsam mit ein paar Kumpels zu zocken. Dirk nimmt die Einladung an und bemerkt, dass er sich in diesem kleineren Kreis sehr wohl fühlt. Mit den anderen zu spielen und zu reden tut ihm gut, und er geht beschwingt nach Hause.

**Überkompensation reduzieren.** Auch bei der Reduktion von Überkompensation gelten prinzipiell die gleichen Überlegungen wie bei der Reduktion von Unterwerfung und Vermeidung. Allerdings trifft das für Vermeidung typische Problem, dass die Veränderung dieses Musters sich erst nach einer Weile »auszahlt«, für die Überkompensation manchmal sogar noch mehr zu. Deshalb kann es sehr schwer sein, überkompensatorische Muster zu reduzieren.

Stellen Sie sich vor, dass Sie dazu neigen, zu prahlen oder aggressiv zu werden, wenn Sie sich eigentlich minderwertig und klein fühlen. Nun haben Sie dies als überkompensatorisches Bewältigungsmuster entlarvt und wollen es reduzieren. Wenn Sie in der nächsten Situation, in der Sie sich klein fühlen, nicht prahlen, werden Sie möglicherweise die folgenden Erfahrungen machen: Erstens spüren Sie das Gefühl der Minderwertigkeit vermutlich stärker, da Sie sich nicht mehr hinter dem Bewältigungsmodus verstecken können. Zweitens fühlt sich das großartige Prahlen einfach auch großartig an, es macht sehr gute Gefühle und führt zu einem Gefühl von Befriedigung, Stärke und Dominanz. Auf diese Verstärkung müssen Sie verzichten, wenn Sie dieses Muster verändern wollen. Drittens fällt Ihnen dann womöglich auch noch auf, wie unsympathisch Ihre Prahlerei auf Ihre Umgebung gewirkt hat – und diese Einsicht ist auch noch unangenehm!

All diese Erfahrungen werden für Sie langfristig sehr wichtig und wertvoll sein – in dem Moment fühlt es sich aber vielleicht auch ziemlich schlecht an. Deshalb sollten Sie wirklich stolz auf sich sein, wenn Sie es schaffen, Überkompensation zu unterbrechen!

Allerdings sind Menschen in der Regel nur dann motiviert, Überkompensation zu reduzieren, wenn sie deren Nachteile auch wirklich sehr deutlich spüren – z. B., weil sich wichtige Menschen von ihnen abgewendet haben oder der Partner sogar mit Trennung droht. Oft sind dann depressive Phasen oder soziale Ängste die Folge. Auch wenn dies hart klingen mag – solche negativen Erfahrungen mit Überkompensation verbessern natürlich Ihre Aussicht auf Erfolg er-

heblich, weil Sie wissen, wofür Sie sich anstrengen! Umgekehrt kann das aber auch heißen, dass Sie vielleicht verzichten, wirklich an eine Reduktion der Überkompensation heranzugehen, wenn Sie aktuell solche negativen Folgen nicht bemerken. Ihre Auseinandersetzung mit diesen Mustern kann dennoch sinnvoll sein, denn vielleicht kommen Sie später im Leben doch noch einmal darauf zurück.

**Fallbeispiel**

Thomas K. kämpft seit 20 bis 30 Jahren gegen starke Gefühle von Unzulänglichkeit und Scham, die dadurch entstanden sind, dass er in seiner Schulzeit wegen schwerer Akne verspottet und gemobbt wurde. Zu deren Bewältigung hat er einen starken Überkompensationsmodus aufgebaut. In diesem Modus gibt er sich cool und kompetent, blendet andere mit einem perfekten Auftreten und ist unendlich leistungsfähig. Mittlerweile ist er 47 Jahre alt und hat nicht mehr so viel Energie wie in seiner Jugend. Er merkt zunehmend, wie dieser Bewältigungsmodus für ihn strapaziös wird. Darüber hinaus ist die Situation am Arbeitsplatz schwieriger geworden, Aufträge sind oft kleiner und blendendes Auftreten ist nicht mehr so stark gefragt. Für Thomas ist dies alles so belastend, dass er in den letzten Jahren eine schwere depressive Symptomatik entwickelt hat.

In der Therapie macht ihn die Therapeutin auf den überkompensatorischen Bewältigungsmodus aufmerksam. Für Thomas ist dies ein harter Brocken, allerdings erscheint ihm dieses Thema auch sehr wichtig, deshalb beginnt er, daran zu arbeiten. Er versucht z. B., »super kluge« Kommentare in der Therapie zu unterlassen und sich stattdessen mit eigenen negativen Gefühlen auseinanderzusetzen. Auf der Arbeit experimentiert er damit, seine eigenen Grenzen zu benennen und damit auch die Illusion der absoluten Leistungsfähigkeit zu verabschieden. So sagt er es zum Beispiel seinem Chef, wenn er für eine Aufgabe mehr Zeit als zunächst veranschlagt benötigt, anstatt wie früher fast die ganze Nacht durchzuarbeiten.

Thomas findet diese Umstellungen sehr schwierig und fühlt sich immer wieder aufs Neue bedroht, wenn er sich offen und ▶

verletzlicher zeigt. Er macht damit jedoch insgesamt gute Erfahrungen. Alles in allem ist es für ihn eine großartig Erfahrung, zu spüren, dass andere ihn verstehen und auch gerne unterstützen. Darüber hinaus fühlt er sich nicht mehr so allein und kann seine Aufgaben eigentlich viel besser bewältigen.

Wenn Sie zu aggressiver Überkompensation neigen, so erleben Sie durch Ihre Bewältigungsmuster einen sehr guten Schutz vor dem Eingeständnis von Schwäche. Es ist, wenn Sie dies ändern wollen, ganz besonders wichtig, dass Sie andere Wege finden, um sich innerlich zu schützen. Jeder Mensch braucht das Gefühl, sich schützen zu können und in schwierigen Situationen »ein Visier« herunterklappen zu können. Nehmen Sie sich also nicht zu viel vor und verzeihen Sie sich auf jeden Fall, wenn Sie wieder in aggressive Muster zurückfallen – es kommt nicht darauf an, Dinge gleich perfekt anders machen zu können, sondern die Arbeit an sich selbst beharrlich immer weiter zu führen!

**Fallbeispiel**

Caroline S. (s. Abschn. 4.3) ist durch ihren aggressiven Bewältigungsmodus schon in viele Konfliktsituationen gekommen und hatte schon oft mit der Polizei zu tun. Dadurch hat sie viele gute Gründe, diesen Bewältigungsmodus zu ändern. Als sie jedoch versucht, weniger aggressiv auf ihre Umwelt zuzugehen, spürt sie extreme Gefühle von Verlassenheit und Hilflosigkeit. Für sie ist es wichtig, sich selbst zuzugestehen, dass sie ihre aggressiven Reaktionen nicht »von jetzt auf gleich« ablegen kann.

Caroline lernt, mit anderen Menschen über diesen Bewältigungsmodus zu sprechen. Dies ist für sie letztendlich auch der Weg herauszukommen. In Stresssituationen kommt es immer wieder vor, dass sie Luft holt und spürt, wie sie sich für eine aggressive Reaktion bereit macht. Mit der Zeit hat sie gelernt, in solchen Situationen zu sagen (manchmal auch nur zu sich selbst): »Moment mal. Ich glaube, die Aggression kommt wieder durch. Lass mir mal eben kurz eine Minute zum Durchschnau- ▶

fen.« Nachvollziehbarerweise ist ihre Umwelt über diese Veränderung hoch erfreut und gibt ihr gerne Zeit und Raum, um sich wieder »herunter zu regulieren«. Mit der Zeit wird sie darin immer besser.

Das Arbeitsblatt »Den Bewältigungsmodus verändern« (in den Online-Materialien) kann Sie dabei unterstützen, Ihren Bewältigungsmodus in kleinen Schritten abzubauen. Fangen Sie doch gleich heute noch damit an!

Mit diesem Kapitel haben Sie hoffentlich besser verstanden, woher Ihre Bewältigungsmodi kommen, welche Bewältigungsmechanismen die wichtigste Rolle bei Ihnen spielen und wie Sie daran arbeiten können, sie zu reduzieren. Vielleicht macht es Ihnen anfangs manchmal etwas Angst, auf bestimmte Situationen stärker im gesunden Erwachsenenmodus als im Bewältigungsmodus zu reagieren. Das ist normal und legt sich in aller Regel relativ rasch, wenn Sie dranbleiben! Denn mit zunehmender Übung werden Sie auch merken, wie angenehm es ist, eigene Grenzen und Bedürfnisse direkter auszudrücken. Fragen Sie doch auch einmal Menschen, die Ihnen nahestehen, ob sie Veränderungen bei Ihnen wahrnehmen und was Sie davon halten. Rückmeldungen von anderen Menschen sind sehr wichtig, um das eigene Handeln zu reflektieren und seine Wirkung auf andere zu verstehen.

# 11 Den gesunden Erwachsenenmodus stärken

Vielleicht werden Sie beim Lesen dieses Kapitels den Eindruck bekommen, dass dies im Wesentlichen eine Wiederholung ist. Das ist es auch! Denn für alle die Übungsvorschläge, die wir zu den anderen Modi gemacht haben, ist der gesunde Erwachsenenmodus von zentraler Bedeutung. Sie wissen mittlerweile: Verletzliche Kindmodi sollen getröstet und gestärkt werden, ärgerliche Kindmodi sollen Gelegenheit bekommen, ihre Bedürfnisse angemessen auszudrücken. Impulsive oder verwöhnte Kindmodi müssen sich an Grenzen gewöhnen und Vermeidungsmodi sollten reduziert werden. Strafende oder zu sehr fordernde Elternmodi müssen endlich lernen, etwas leiser zu sein! All diese Übungen, Entwicklungsrichtungen und Vorschläge müssen natürlich vom gesunden Erwachsenenmodus ausgehen. Der gesunde Erwachsene tröstet das verletzliche Kind, er setzt dem verwöhnten Kind Grenzen, er (oder sie …) verhandelt mit Bewältigungsmodi und Elternmodi. Damit kommt dem gesunden Erwachsenenmodus bei allen Veränderungen, die Sie für Ihr Leben planen, eine zentrale Rolle zu.

Die Aufgabe für Ihren gesunden Erwachsenenmodus besteht dabei auch darin, sich zu überlegen, welche Prioritäten Sie setzen wollen, welche Veränderungen Ihnen am meisten am Herzen liegen, wie viel Energie Sie investieren können und wie Sie sich für erfolgreiche Änderungsschritte belohnen möchten. Schon diese Überlegung ist eine wichtige Aufgabe für Ihren gesunden Erwachsenenmodus: Sie dürfen sich nicht überfordern, wie es der fordernde Elternmodus täte. Sie dürfen nicht alles auf einmal wollen, wie das undisziplinierte Kind vielleicht vorschlagen würde. Sie können leider nicht damit rechnen, dass das verletzliche Kind all die Fürsorge bekommt, die es gerne hätte – auch da muss der gesunde Erwachsenenmodus vermitteln, gute Grenzen wahren und realistisch bleiben. Folgende Überlegungen können Ihnen vielleicht helfen, Ihre Ziele und Pläne festzulegen und auch zu erreichen.

**Vorbilder.** Zum Glück haben die meisten Menschen andere Personen in ihrem Leben, die sie auch als Vorbild für den gesundenden Erwachsenenmodus nehmen können. Wir haben dieses Thema auch schon in Kapitel 9 behandelt. Welche Person leiht Ihnen ein Ohr, wenn Sie Sorgen haben, und schaut mit liebevollem Blick auf Sie? Gibt es jemanden, bei dem Sie das Gefühl haben, ihm oder ihr gelingt es ganz besonders gut, eigene Bedürfnisse und die Interessen anderer auszubalancieren?

In vielen Fällen ist dies eine reale Person, vielleicht eine Verwandte, zum Beispiel eine Tante, Großmutter oder auch eine Freundin. Manche Menschen haben keine solche reale Person und eher Märchen- oder Filmfiguren als Vorbild für den gesunden Erwachsenenmodus, das ist auch in Ordnung. Wichtig ist, dass Ihnen manchmal ein innerer Begleiter zur Verfügung steht, der Ihnen hilft, einen wohlwollenden Blick auf sich selbst zu halten und gleichzeitig die Situation realistisch einzuschätzen. Wenn Sie merken, dass Sie dies kaum haben und Ihnen deshalb die Übungen in diesem Buch auch schwer fallen, sind Sie kein Versager! Es könnte dann aber eine gute Idee sein, Hilfe von einem Therapeuten zu holen, um den gesunden Erwachsenenmodus zu verstärken.

**Realistisch bleiben.** Das Leben ist nicht perfekt, kein Mensch ist es und voraussichtlich werden auch Sie es niemals sein! Das ist kein Grund zur Verzweiflung, sondern ganz normal. Wichtig ist nur, dass Sie sich daran immer wieder erinnern und nicht versuchen, die Sterne vom Himmel zu holen oder ein Tagesprogramm zu planen, das eigentlich 60-stündige Tage voraussetzt. Realistisch sein bedeutet dabei auch, die eigenen Mittel zu berücksichtigen, sei es bezogen auf soziales Netzwerk, berufliche Möglichkeiten oder das finanzielle Polster. Lernen Sie, mit den Gegebenheiten, die Ihr Leben prägen, zu planen und das Beste daraus zu machen! Realistisch sein bedeutet auch anzuerkennen, dass es bessere und schlechtere Phasen im Leben gibt. Es wäre vermessen zu erwarten, dass Sie an jedem Tag, zu jeder Zeit und in jedem Kontext eine völlig perfekte Balance Ihrer Modi finden können. Akzeptieren Sie, dass es Hochs und Tiefs im Leben gibt – natürlich sollten Sie daran arbeiten, all dies maximal im Sinne Ihrer Bedürfnisse zu gestalten, aber akzeptieren Sie die realistischen Grenzen. Realistisch sein bedeutet auch, dass Sie sorgfältig prüfen, ob Sie in einer Situation überhaupt die Macht haben, etwas zu verändern. Wenn Sie z. B. ändern möchten, dass Sie andauernd Konflikte mit dem Chef haben, könnte es sein, dass dies gar nicht in Ihrer Macht liegt, weil Ihr Chef eine so anstrengende Person ist, dass alle Mitarbeiter Konflikte mit ihm haben. Dann müsste das Ziel realistischerweise eher sein, sich besser gegenüber dem Chef abzugrenzen oder sich einen anderen Arbeitsplatz zu suchen.

**Ehrlich mit sich selbst sein.** Sehr häufig wünschen sich Menschen viele Veränderungen, die jedoch einen großen Aufwand mit sich bringen. So wird es viele Jahre dauern, sich den Wunsch nach einem Studienabschluss zu erfüllen, vor allem wenn vorher noch das Abendgymnasium absolviert werden muss. Vernünftige Vorsätze, wie etwa gesünder zu essen, abzunehmen, nicht mehr zu rauchen oder regelmäßig Sport zu treiben, werden Ihrer physischen und psychischen Gesundheit sicherlich sehr zuträglich sein. Vergegenwärtigen Sie sich jedoch, dass dies mit viel Mühe und Disziplin verbunden ist. Dies bedeutet, dass Sie solche Ziele nur erreichen werden, wenn Sie wirklich motiviert sind, richtig viel Energie dafür zu investieren. Sich dies bewusst zu machen, kann manchmal ein paar Traumseifenblasen platzen lassen. Es ist jedoch wichtig, um beispielsweise nicht chronisch frustriert und unzufrieden über sich selbst zu sein.

**Eigene und fremde Bedürfnisse ausbalancieren.** In allen Kapiteln dieses Buches geht es immer wieder um Ihre Bedürfnisse und darum, wie Sie es schaffen können, diesen besser gerecht zu werden und sie besser zu erfüllen. Dabei ist es natürlich immer wichtig, im Auge zu behalten, dass auch andere Menschen Bedürfnisse haben, und dass die Grenze unserer Freiheit immer die Freiheit der anderen ist. In aller Regel lassen sich Kompromisse finden, und es sollte unser Ziel sein, diese auch zu suchen.

Manchmal kommt es vor, dass Menschen sich endlich auf ihre Bedürfnisse besinnen und dann ihre Umwelt vor den Kopf stoßen, weil die Menschen in der Umgebung das einfach nicht gewöhnt sind. Hier ist es wichtig, die eigenen Schritte zu überprüfen (mit wohlwollendem Blick!) und der Umwelt Zeit zu geben, sich an Veränderungen zu gewöhnen. Wenn Sie z. B. Ihren Mann bisher noch nie damit »geschockt« haben, dass Sie etwas ohne ihn unternehmen wollen, so sollten Sie dies nicht »von Null auf Hundert« tun, sondern ihn allmählich daran gewöhnen … Wenn Sie spüren, dass in Ihrer Umwelt jemand ungehalten auf Ihre Veränderungen reagiert, so warten Sie erst mal etwas ab – vielleicht gewöhnt er sich ja nach einiger Zeit daran. Wenn dies nicht der Fall zu sein scheint, ist es oft gut, ein Gespräch zu suchen.

**Konkret werden.** Viele Menschen tragen, oft jahrelang, einen unbestimmten Wunsch nach Veränderung mit sich herum. Die Veränderungswünsche, die sie haben, hören sich dann häufig so an: »Ich möchte selbstbewusster werden.«, »Ich will ausgeglichener sein.«, oder »Ich will mehr auf mich achten.«. Das sind an sich sehr gute und nützliche Ziele! Allerdings sind sie auch ziemlich schwammig und global. Die Erfahrung in der Therapie hat gezeigt: Je konkreter Sie Ihre Ziele formulieren und je näher sich diese Ziele an Ihrem tatsächlichen Verhalten bewegen, umso größer ist auch die Wahrscheinlichkeit, dass Sie dies erfolgreich umsetzen können! Die folgenden Fragen können Ihnen am Beispiel »Ich will selbstbewusster werden« helfen, Ihre Ziele zu konkretisieren:

- Wie sieht das genau aus, wenn man selbstbewusst ist?
- Wen kenne ich, der sich selbstbewusst verhält? Wie genau macht diese Person das? Woran merke ich, dass diese Person selbstbewusst ist?
- In welcher Situation will ich selbstbewusster sein? Wie würde es aussehen, wenn ich mich in dieser Situation selbstbewusst verhalten würde? Woran würden das die anderen merken?

Das Arbeitsblatt »Meine Veränderungen« soll eine Hilfestellung sein für das Setzen von Prioritäten und eine realistische Einschätzung der aktuellen Veränderungsmöglichkeiten.

**Imaginationsübungen.** Von Imaginationsübungen haben Sie mittlerweile schon häufiger gelesen. Sie können Imaginationsübungen ganz wunderbar zur Stärkung Ihres gesunden Erwachsenenmodus einsetzen, indem Sie sich vorstellen, bestimmte Dinge in diesem Modus zu tun. Das heißt, wenn Sie beispielsweise immer wieder nachgeben in einer bestimmten Situation, in der Sie eigentlich endlich Ihre Interessen formulieren wollen, so stellen Sie sich das vorher zunächst einmal genau so vor, wie Sie es gern hätten!

Machen Sie es sich bequem, schließen Sie die Augen und lassen Sie vor Ihrem inneren Auge den Film dieser Situation ablaufen, wie Sie in Ihrem gesunden Erwachsenenmodus handeln.

Das mag jetzt beim Lesen vielleicht etwas albern klingen, aber probieren Sie es aus! Viele Menschen berichten, dass ihnen dies erstaunlich gut hilft, ihre Reaktionen in schwierigen Situationen zu verändern, indem sie es in der Fantasie proben.

**Fallbeispiel**

Judith P. kennen Sie bereits aus dem Abschnitt 2.1. Sie war mit ihrer Familie in der Kindheit häufig umgezogen und hatte dadurch die Erfahrung gemacht, immer wieder »die Neue« zu sein. Dies hatte dazu geführt, dass sie sich als Erwachsene häufig ausgeschlossen fühlte. Oft zog sie sich dann traurig zurück (verletzlicher Kindmodus), wenn sie das Gefühl bekam, dass die anderen sie nicht dabeihaben wollen (strafender Elternmodus).

In der Imaginationsübung versetzt sie sich in eine Situation, die ihr normalerweise sehr schwer fällt. Sie stellt sich vor, dass mehrere Kommilitonen in der Mensa bereits an einem Tisch sitzen und sich lebhaft unterhalten und lachen. Normalerweise würde sie sich eher abseits allein an einen Tisch setzen. In der Imaginationsübung geht sie auf den Tisch der anderen zu und fragt, ob sie sich dazusetzen kann. Die anderen bejahen das sofort, machen Platz für einen weiteren Stuhl und beziehen sie in das Gespräch mit ein.

In der nächsten Woche kommt es dann tatsächlich zu einer ganz ähnlichen Situation. Da sie durch die Imaginationsübung vorbereitet ist, weiß Judith, wie sie sich im gesunden Erwachsenenmodus gern verhalten möchte und setzt sich dazu. Danach fühlt sie sich stolz und glücklich, dass sie es geschafft hat.

**Aktivitäten.** Zur Stärkung des gesunden Erwachsenenmodus ist es natürlich wichtig zu wissen, in welchen Situationen und bei welchen Aktivitäten Sie in diesem Modus sind. Dies kann manchmal schwierig sein, vor allem wenn Sie von sich selbst den Eindruck haben, dass Ihr gesunder Erwachsenenmodus eher schwach ausgeprägt ist. Gerade dann ist es sehr gut, sich gezielt Dinge vorzunehmen, in denen Sie wahrscheinlich im gesunden Erwachsenenmodus sein werden. Um noch ein besseres Verständnis dafür zu bekommen, was zum gesunden Erwachsenenmodus gehören kann, finden Sie hier eine Liste mit Aktivitäten, die den gesunden Erwachsenenmodus hervorrufen können.

Es kann Sie in den gesunden Erwachsenenmodus versetzen, wenn Sie …

- etwas Neues lernen.
- mit einem guten Freund darüber reden, was Ihnen im Leben wichtig ist.
- für sich selbst Verantwortung übernehmen.
- Sport treiben.
- etwas reparieren.
- sich jeden Tag aufschreiben, was Sie heute richtig gut gemacht haben.
- Zeitung oder ein Buch lesen.
- Ihrem Körper etwas Gutes tun (Yoga, Körperpflege, frisches Obst essen …).
- ein neues Rezept ausprobieren.
- ein Hobby betreiben.
- jemandem etwas erklären oder bei etwas helfen.
- etwas auf der »To-do-Liste« abhaken und sich dann selbst belohnen.
- sich selbst eine Karte schreiben, auf der steht, was Sie an sich mögen ☺.

Sammeln Sie zunächst einmal ganz gezielt in einer Liste, was *Ihren* gesunden Erwachsenenmodus hervorholt oder ihn fördert.

Ihre eigene Liste können Sie z. B. schön aufschreiben und möglichst zentral in Ihrer Wohnung oder Ihrem Zimmer platzieren, um immer wieder darüber zu stolpern. Wenn Sie von sich wissen, dass Sie die Durchführung von positiven erwachsenen Aktivitäten leicht vermeiden, dann ist es natürlich wichtig, sich möglichst verbindlich Dinge vorzunehmen. Wenn Sie hingegen ohnehin viel im gesunden Erwachsenenmodus sind, enthält Ihr Leben vermutlich ohnehin schon Aktivitäten dieser Art und die folgenden Übungen spielen möglicherweise nicht so eine große Rolle, da sie für Sie eine Art Selbstverständlichkeit darstellen.

**Verhaltensexperimente.** Verhaltensexperimente haben Sie ja bereits in Abschnitt 7.2 zum ärgerlichen Kindmodus kennengelernt. Diese Experimente bieten Ihnen die Gelegenheit, sich dem gesunden Erwachsenen »spielerisch« anzunähern. Manchmal kann es z. B. ein guter Zugang zum gesunden Erwachsenenmodus sein, wenn man erst mal »so tut als ob«. Das bedeutet, dass man sich eine konkrete Situation vornimmt, in der man sich wie der gesunde Erwachsene verhalten will (z. B. die eigenen Bedürfnisse anzumelden) – auch wenn man sich noch gar nicht so fühlt. Beispielsweise kann jemand, der sehr unsicher und ängstlich ist, sich als Verhaltensexperiment vornehmen, vor der nächsten Teamsitzung mit einem netten Kollegen ein bisschen »Small Talk« zu machen.

Natürlich sehen Verhaltensexperimente sehr unterschiedlich aus, je nachdem welches Verhalten man verändern möchte. Das Arbeitsblatt »Verhaltensexperiment« in den Online-Materialien und das Fallbeispiel sollen Ihnen eine kleine Hilfestellung geben.

**Fallbeispiel**

Mona K. kennen Sie bereits aus dem Kapitel 7. Sie hat einen stark impulsiven Kindmodus, in dem sie auf Partys geht, viel Alkohol trinkt und immer wieder mit Männern im Bett landet, ohne sich ausreichend zu schützen. Monas Studium ist durch ihr Verhalten im impulsiven Kindmodus ziemlich in Gefahr geraten. Ihr ist inzwischen klar geworden, dass ihr gesunder Erwachsenenmodus die Kontrolle über »Party-Mona« zurückgewinnen muss, wenn sie nicht völlig abrutschen möchte. Seit einigen Wochen war sie abends gar nicht mehr aus, um nicht »in Versuchung« zu kommen. Sie spürt jedoch, dass sie den Kontakt zu anderen Menschen, die Musik und das Tanzen vermisst. Mit einem Verhaltensexperiment will sie versuchen, die Balance zwischen Vergnügen und Verantwortung zu finden.

▶

Dazu hat sie sich auf eine kleine Karte Botschaften ihres gesunden Erwachsenenmodus geschrieben:

> Liebe Mona, gleich auf der Party wirst du mächtig in Versuchung sein, wieder zu trinken und dann zu weit zu gehen. Bitte denke daran, dass dein impulsives Kind wieder den Fuß in der Tür hat, sobald du ein Bier getrunken hast. Erinnere dich daran, dass es dir wichtig ist, dein Studium zu schaffen und dass du echt nicht die Kohle hast, um wieder so exzessiv Party zu machen. Außerdem möchte ich dich daran erinnern, dass dich dein Verhalten in der Vergangenheit oft ganz schön in Gefahr gebracht hat ... Die Typen, mit denen du dann im Bett landest, sind echt unter deiner Würde.

Mona hat als Verhaltensexperiment geplant, am Abend auf die WG-Party einer Studienkollegin zu gehen. Damit der gesunde Erwachsene die Kontrolle behält, hat sie sich vorgenommen, keinen Alkohol zu trinken und spätestens um 1 Uhr nach Hause zu gehen. Die Karte mit den Botschaften des gesunden Erwachsenen trägt sie in ihrer Tasche als Erinnerung mit sich. Sie hat sich schon vorher überlegt, wie sie reagieren möchte, wenn ihr jemand Alkohol anbietet und dies in einer Imaginationsübung durchgespielt. Mona macht an diesem Abend die Erfahrung, dass sie Musik und Tanzen sogar besser genießen kann, wenn sie nicht betrunken ist. Außerdem macht sie nichts, was ihr am nächsten Tag peinlich sein müsste. Am nächsten Morgen ist sie sehr stolz auf ihr Verhalten am Abend zuvor und gönnt sich zur Belohnung einen Milchkaffee und ein Schokocroissant in ihrem Lieblingscafé.

In diesem Kapitel ging es um den gesunden Erwachsenenmodus, den Anteil in Ihnen, der den Überblick behält, Prioritäten setzt, realistisch bleibt, eigene Bedürfnisse akzeptiert und eine Balance mit den Bedürfnissen anderer findet. Das ist alles ziemlich anspruchsvoll und gelingt vermutlich keinem Menschen zu jeder Zeit perfekt! Wenn Sie allerdings oft das Gefühl haben, fast gar keinen gesunden Erwachsenenmodus zu haben, so ist es wichtig, dies zu akzeptieren – dann kann eine (Schema-)Therapie Ihnen helfen, diesen Anteil ganz gezielt aufzubauen und zu stärken.

# Teil III

# Anhang

## Modus-Übersicht

Manchmal können bei den vielen Modi selbst Profis den Überblick verlieren. Dieses Kapitel soll Ihnen noch einmal eine Übersicht über alle Modi geben und diese in ein gemeinsames Bild integrieren. Im letzten Bild können Sie eine Zusammenfassung zusammenstellen, welche Modi bei Ihnen aktiv sind und wie das Zusammenspiel zwischen ihnen funktioniert.

**Kindmodi**

In den Kindmodi wirken Wahrnehmung und Verhalten häufig kindlich. Kindmodi sind dann aktiv, wenn wir sehr starke und intensive Gefühle erleben, die sich nicht allein durch die Situation, in der man sich gerade befindet, erklären lassen. Das passiert häufig, wenn Grundbedürfnisse wie z. B. Nähe oder Autonomie nicht erfüllt sind. Es werden verletzliche, wütende und glückliche Kindmodi unterschieden.

| | **Verletzlicher Kindmodus** | **Wütender Kindmodus** | **Glücklicher Kindmodus** |
|---|---|---|---|
| **Welche Gefühle sind mit diesem Modus verbunden?** | Scham, Einsamkeit, Angst, Traurigkeit, Bedrohung | Wut, Ärger, Impulsivität, Trotz | Glück, Unbeschwertheit, Neugierde, Sicherheit |
| **Wird z. B. ausgelöst, wenn man sich …** | zurückgewiesen, bedroht, verlassen, überfordert, | kritisiert, zurückgewiesen, nicht ernst genommen, | angenommen, zugehörig, geliebt fühlt. |

▶

| | Verletzlicher Kindmodus | Wütender Kindmodus | Glücklicher Kindmodus |
|---|---|---|---|
| | ausgeschlossen fühlt. | ausgeschlossen, eingeengt fühlt. | |
| **Das Ziel der Arbeit an diesem Modus ist, …** | Bedürfnisse wahrzunehmen und verstehen. Lernen, diese Bedürfnisse selbst zu versorgen. | Bedürfnis hinter der Wut zu erkennen und versorgen. Verwöhntheit, Impulsivität, Bockigkeit möglichst zu reduzieren. | in vollen Zügen zu genießen ☺. |
| **Was hilft in diesem Modus?** | Liebevolle Haltung gegenüber sich selbst einnehmen; Gefühle zulassen und akzeptieren; die eigenen Bedürfnisse befriedigen | Kontrolle zurückgewinnen; sich um unerfüllte Bedürfnisse kümmern; Frühwarnzeichen kennenlernen; alternatives Handeln üben | Die richtige Balance finden; neue Aktivitäten entdecken; kleine Dinge genießen lernen |

| | Verletzlicher Kindmodus | Wütender Kindmodus | Glücklicher Kindmodus |
|---|---|---|---|
| **! Achtung vor …** | strafendem Elternmodus (»Deine Gefühle sind eh nicht wichtig!«); Bewältigungsmodi (Bedürfnisse werden nur scheinbar befriedigt) | impulsivem Kindmodus (»Ich mach jetzt nur noch, was ich will«) | strafendem Elternmodus (»Ist doch kindisch …«) |

**Elternmodi**

Dysfunktionale Elternmodi sind wie innere Stimmen oder Botschaften, die entweder überzogene Ansprüche im Bezug auf Leistung oder Emotionen und Beziehungen stellen (fordernder Elternmodus) oder die einen selbst abwerten (strafender Elternmodus). Diese Modi haben meist ihren Ursprung in der Kindheit und Jugend.

| | Fordernder Elternmodus | Strafender Elternmodus |
|---|---|---|
| **Dabei geht es um:** | Überhöhte Ansprüche an die eigene Person<br>– in Bezug auf Leistung (leistungsfordernder Elternmodus)<br>– in Bezug auf Emotionen und Beziehungen (emotional fordernder Elternmodus) | Abwertung der eigenen Person, die oft absolut oder generalisiert ist |

| | **Fordernder Elternmodus** | **Strafender Elternmodus** |
|---|---|---|
| **In diesem Modus fühlt man sich …** | überfordert, unfähig, unter Druck gesetzt, ungenügend, schuldig | gehasst, ungenügend, nicht liebenswert, abstoßend, abgelehnt |
| **Das Ziel der Arbeit an diesem Modus ist, …** | die Botschaften des fordernden Modus so zu verändern, dass sie realistisch und hilfreich sind. | zu erkennen, dass der strafende Modus keine Berechtigung hat. Diese Botschaften sollen eliminiert werden. |
| **Was hilft in diesem Modus?** | Zwischen hilfreichen und nicht hilfreichen Botschaften unterscheiden lernen | Den Ursprung der Elternbotschaft identifizieren |
| | Den Wahrheitsgehalt und die Angemessenheit der Botschaft prüfen<br>Neue Botschaften entwickeln, die realistisch sind und zu Veränderungen motivieren | Die strafende Stimme in die Schranken weisen durch Symbole, Erinnerungskarten, Kontakt zu lieben Menschen … |
| **! Achtung vor …** | Bewältigungsmodi: Häufig versuchen wir, den Elternmodi z. B. durch Vermeidung aus dem Weg zu gehen. Das klappt leider in der Regel immer nur kurzfristig … | |

**Bewältigungsmodi**

Unter Bewältigungsmodi versteht man Verhaltensmuster, die sich im Laufe des Lebens entwickelt haben, mit denen man versucht, mit emotionaler Belastung und schwierigen Erfahrungen umzugehen. Es werden drei Formen der Bewältigung unterschieden: Unterwerfung, Vermeidung und Überkompensation.

| | **Unterwerfung** | **Vermeidung** | **Überkompensation** |
|---|---|---|---|
| **Dabei versucht man, …** | mit dem eigenen Verhalten dem strafenden Elternmodus zu »gehorchen«. | Gefühle und Probleme zu vermeiden, um sich nicht damit auseinandersetzen zu müssen. | sich ganz entgegengesetzt zu verhalten; andere zu kontrollieren, zu dominieren oder sich über sie zu stellen. |
| **Dieser Modus zeigt sich z. B. in …** | freiwilligem Übernehmen von unangenehmen Aufgaben<br>nicht »nein« sagen können<br>sich von anderen Menschen abhängig machen (Dependenz) | Vermeiden von schwierigen Situationen<br>exzessivem Ablenken durch Computerspiele, Internet, Fernsehen etc.<br>Dämpfen der Wahrnehmung durch Alkohol oder Medikamente<br>Selbststimulation, z. B. Essen und Pornokonsum | Überheblichkeit<br>übermäßiger Kontrolle<br>aufmerksamkeitssuchendem Verhalten<br>Aggressivität<br>Manipulation anderer Menschen |

▶

| | Unterwerfung | Vermeidung | Überkompensation |
|---|---|---|---|
| **Das Ziel ist …** | zu lernen, diese Modi zu reduzieren, eigene Bedürfnisse angemessen auszudrücken und mit Konflikten und Problemen konstruktiver umzugehen. | | |
| **Was hilft in diesem Modus?** | Vor- und Nachteile abwägen<br>Verhaltensexperimente: alternatives Verhalten ausprobieren<br>Dran bleiben, Bewältigungsmodi verändern sich nur langsam | | |
| **! Achtung vor …** | forderndem Elternmodus (»Du musst es den anderen Recht machen …«) | strafendem Elternmodus (»Mich will doch eh keiner dabei haben …«) | strafendem Elternmodus (»Wenn du Schwächen zeigst, merken alle, was für ein Versager du bist …«) |

Das Arbeitsblatt »Mein Modus-Übersichtsblatt« (in den Online-Materialien) soll Ihnen eine Hilfe dabei sein, Ihre »ganz persönlichen« Modi auf übersichtliche Weise darzustellen. Sie können hier Namen, Gefühle, Gedanken oder Situationen notieren, die Sie mit dem jeweiligen Modus verbinden.

# Glossar

**Affekt, affektiv.** Affekt ist ein anderer Ausdruck für Gefühl. Mit affektiv werden alle Erlebnisse und Verhaltensweisen bezeichnet, die durch starke Gefühle bedingt oder mit starken Gefühlen eng verknüpft sind und von gefühlsmäßiger Erregung begleitet werden.
**Affektbrücke.** Eine Affektbrücke ist eine assoziative Verbindung zwischen einer aktuellen Situation und einer in der Vergangenheit liegenden Situation, in der ein ähnliches Gefühl erlebt wurde wie heute. Dabei müssen die beiden Situationen inhaltlich nicht zusammenhängen, entscheidend ist der gefühlte Zusammenhang. Zum Beispiel könnte man von einer Affektbrücke sprechen, wenn der kühle Tonfall eines Gegenübers Sie in Panik versetzt, weil er Sie an den kühlen Tonfall erinnert, den Ihr Vater immer hatte, bevor er Wutanfälle bekam.
**Balance in sozialen Beziehungen.** In der Sozialpsychologie wird untersucht, wie Menschen soziale Beziehungen erleben und gestalten. Dabei haben Studien zu der Frage, welchen Beitrag ein Mensch zu einer Beziehung leistet (also z. B., welchen Anteil der Hausarbeit jemand in einem gemeinsamen Haushalt übernimmt), ergeben, dass Menschen ihren eigenen Anteil typischerweise systematisch überschätzen, und zwar um etwa 50 Prozent. Das heißt, wenn Sie spontan denken »Na, in meiner Partnerschaft werde ich wohl so zwei Drittel bis drei Viertel vom alltäglichen Kram erledigen.«, dann leben Sie wahrscheinlich objektiv betrachtet in einer sehr fairen Beziehung, in der jeder seinen 50-prozentigen Beitrag leistet! Dies ist natürlich nur eine Faustregel, die nicht in jedem einzelnen Fall genauso zutreffen muss. Allerdings stimmt sie sehr häufig, und für die Zufriedenheit mit einer Beziehung kann es sehr hilfreich sein, sie zu kennen.
**Bedürfnisse.** Bedürfnisse sind eine allgemeine Bezeichnung für ein Antriebserlebnis, für eine Spannung, die mit dem Streben verbunden ist, einen Mangelzustand zu beseitigen und einen erwünschten Zustand zu erreichen (Bedürfnisbefriedigung).
**Bewältigung.** Bewältigung bezeichnet die Art des Umgangs mit einem als bedeutsam und schwierig empfundenen Lebensereignis

oder einer Lebensphase. Diese individuellen Bewältigungsstrategien werden auch als »Copingstrategien« (engl. *to cope with* – etwas bewältigen) bezeichnet. Bewältigungsstrategien können *funktional* oder *dysfunktional* sein. Eine funktionale Bewältigung bezeichnet eine langfristige, nachhaltige Lösung eines Problems, während eine dysfunktionale Bewältigung oft nur kurzfristig erleichternd wirkt und langfristig die Aufrechterhaltung des Problems bewirkt.

**Burnout.** Burnout bezeichnet ein Krankheitsbild, das Personen aufgrund spezifischer Beanspruchungen entwickeln können und das mit dem Gefühl verbunden ist, sich verausgabt zu haben, ausgelaugt und erschöpft zu sein (Sich-ausgebrannt-Fühlen). Es kommt zu einer Minderung des Wohlbefindens, der sozialen Funktionsfähigkeit sowie der Arbeits- und Leistungsfähigkeit.

**Dysfunktional.** *Siehe* dysfunktionale Bewältigung

**Emotion, primäre.** Primäre Emotion bezeichnet einerseits die unmittelbare, zuerst auftretende Emotion nach einem Reiz. Primäre Emotionen können sein: Freude, Trauer, Furcht, Ärger, Überraschung und Ekel. Andererseits wird damit in der Psychotherapie diejenige Emotion bezeichnet, die den »eigentlichen« Kern der Problematik ausmacht.

**Emotion, sekundäre.** Sekundäre (oder soziale) Emotionen bezeichnen einerseits zeitlich verzögert auftretende, kognitiv bearbeitete reaktive Emotionen. Dies können sein: Verlegenheit, Eifersucht, Schuld, Stolz u. a. m. Andererseits wird damit in der Psychotherapie das Phänomen bezeichnet, dass manchmal eine andere Emotion im Vordergrund steht als die, um die es im Kern geht. Zum Beispiel schimpft eine Person dauernd wütend über ihren Partner; wenn sie sich jedoch etwas besinnt und zu sich kommt, spürt sie die Traurigkeit, die »unter der Wut« steckt. In diesem Fall wäre Traurigkeit die primäre Emotion, die von der sekundären Emotion Wut verdeckt wird.

**Heiße Gefühle.** Damit sind Gefühle gemeint, die mit starker Erregung und impulsiven Handlungen einhergehen, wie Wut, Ärger oder Trotz.

**Histrionische Persönlichkeitsstörung.** Die histrionische Persönlichkeitsstörung (engl.: histrionic – schauspielerisch, theatralisch) ist gekennzeichnet durch theatralisches und aufmerksamkeitssuchendes

Verhalten. Die betroffenen Personen zeigen oft unangemessen verführerisches oder provokantes Verhalten, sind übertrieben in ihrer Selbstdarstellung, leicht beeinflussbar und zeigen einen rasch wechselnden, dramatischen Ausdruck von Gefühlen.

**Hysterisch.** Die hysterische Persönlichkeit ist dadurch gekennzeichnet, dass sie in einem Konflikt steht zwischen einer Angst, sich zu sehr festzulegen, und dem Wunsch nach Halt. Sie ist immer aktiv auf der Suche nach neuen Einfällen, wichtig ist, dass sie immer im Mittelpunkt steht. Die hysterische Persönlichkeit wird heute unter leicht veränderten diagnostischen Kriterien meist als → *Histrionische Persönlichkeitsstörung* bezeichnet.

**Mobbing.** Mobbing (engl. *to mob* – anpöbeln, angreifen) bedeutet, andere Menschen ständig bzw. wiederholt und regelmäßig zu schikanieren, zu quälen und seelisch zu verletzen, beispielsweise in der Schule, am Arbeitsplatz, im Sportverein oder im Internet. Mobbing hat negative Folgen für die Gesundheit sowie die berufliche und private Situation des Opfers.

**Modelllernen.** Modelllernen ist die Bezeichnung für einen Lernprozess, der vorliegt, wenn eine Person dadurch neue Verhaltensweisen lernt, dass sie diese bei anderen sieht und sich so gewissermaßen »abschaut«. Modelllernen kann sowohl absichtlich sein (z. B. dem Trainer bestimmte Bewegungen nachmachen, die dieser vorführt) als auch unabsichtlich stattfinden (z. B. bei »schlechten Vorbildern«).

**Parentifizierung.** Parentifizierung beschreibt die Rollenumkehr zwischen Eltern und Kind, wobei die Eltern ihre Elternfunktion unzureichend erfüllen und dem Kind eine nicht kindgerechte, überfordernde »Eltern-Rolle« zuweisen. Das Kind kümmert sich dann z. B. um das Wohlergehen anderer Familienmitglieder, obwohl es dafür eigentlich noch viel zu jung ist.

**Problemverhalten.** Problemverhalten bezeichnet ein Verhaltensmuster, das kurzfristig angenehm ist, aber langfristig zur Beeinträchtigung in verschiedenen Lebensbereichen führen kann. Typische Problemverhaltensweisen sind z. B. Rauchen oder zu viel Essen – kurzfristig bringt das Genuss und Befriedigung, aber langfristig entstehen Probleme (Krankheiten, Übergewicht).

**Prokrastination.** Prokrastination beschreibt das Verhalten, notwendige, aber unangenehme Arbeiten immer wieder zu verschieben statt sie zu erledigen (»Aufschieberitis«).

**Selektive Wahrnehmung.** Es fallen einem nur noch Dinge auf, die negative Vorannahmen bestätigen. Außerdem werden neutrale Ereignisse häufig negativ interpretiert – sozusagen ein »Tunnelblick«. Ein Beispiel wäre ein Redner, der bei seinem Vortrag in 50 interessierte Gesichter blickt, in der letzten Reihe schwätzen jedoch zwei Personen immer wieder miteinander. Wenn er deshalb das Gefühl hätte, dass sich niemand für seinen Vortrag interessiert, wäre seine Wahrnehmung selektiv, weil sie die 50 interessierten Personen ausblendet.

**Trigger.** Auslöser

**Verstärker.** Ein Verstärker beschreibt einen angenehmen Reiz, der als Konsequenz eines bestimmten Verhaltens auftritt. Dadurch wird dieses Verhalten belohnt, und die Wahrscheinlichkeit, dass es in Zukunft wieder auftritt, steigt. Wenn z. B. ein kleines Kind durch einen Wutanfall durchsetzt, dass es Schokolade bekommt, wird es in Zukunft wahrscheinlich immer öfter, wenn es Schokolade möchte, einen Wutanfall »hinlegen«.

# Literatur

Arntz, A. & van Genderen, H. (2010). Schematherapie bei Borderline-Persönlichkeitsstörung. Weinheim: Beltz.

Fydrich, T., Renneberg, B., Schmitz, B. & Wittchen, H.-U. (1997). Strukturiertes Klinisches Interview für DSM-IV, Achse II: Persönlichkeitsstörungen. Göttingen, Hogrefe.

Jacob, G. & Arntz, A. (2011). Schematherapie in der Praxis. Weinheim: Beltz.

Young, J. E., Klosko, S. (2006). Sein Leben neu erfinden. Paderborn: Junfermann.

Young, J., Klosko, J. & Weishaar, M. (2008). Schematherapie. Paderborn: Junfermann.

# Hinweise zu den Online-Materialien

Sie können alle im Buch erwähnten Arbeitsblätter über unsere Internetseite (http://www.beltz.de) ausdrucken. Sie kommen zu den Materialien, indem Sie auf die Seite des Titels gehen, den Link zu den Materialien anklicken und dann folgendes Passwort eingeben: **CvNEyN2q** (Groß- und Kleinschreibung beachten). Dann können Sie die gewünschten Arbeitsmaterialien öffnen und die pdf-Dateien über die Druckfunktion des Browsers ausdrucken. Wenn Sie die Seite schließen, kommen Sie zurück zur Inhaltsübersicht.

# Sachwortverzeichnis

# Schematherapeutischer Rat zum Hören

Laura Seebauer • Gitta Jacob
**Andere Wege gehen**
Lebensmuster verstehen
und verändern
Ein schematherapeutischer Audio-Ratgeber

Sprecher: Dominik Jaeckel
1 CD im Jewelcase mit zwölfseitigem Booklet. Laufzeit 72 Minuten
1. Auflage 2013
ISBN 978-3-621-28041-9

**Immer wieder macht man dieselben Fehler, tappt in dieselben Fallen – denn bestimmte Lebensmuster sind hartnäckig und schwer zu verändern.**

**Die Schematherapie hilft, solche Muster zu erkennen und sie so zu verändern, dass man sich besser fühlt und besser für sich und seine Bedürfnisse sorgen kann.**

Auf der Audio-CD behandeln Laura Seebauer und Gitta Jacob drei große »Lebensthemen«: Wie hat mich die Beziehung zu meinen Eltern geprägt, was habe ich von ihnen übernommen? Wie kann ich lernen, »Nein« zu sagen und Dinge anzupacken? Wie sorge ich gut für mich? Mit Fallbeispielen und Imaginationsübungen zu jedem Bereich.

# Selbstbewusst und kompetent auftreten

Rüdiger Hinsch • Simone Wittmann
**Soziale Kompetenz kann man lernen**
Anleitung zum »besseren« Leben
2., überarb. Aufl. 2010
240 Seiten. Gebunden
ISBN 978-3-621-27624-5

**Soziale Kompetenz bedeutet, seine Rechte durchzusetzen, soziale Beziehungen positiv zu gestalten und die Sympathien der Mitmenschen zu gewinnen – viele Menschen haben allerdings an irgendeiner Stelle Schwierigkeiten, die sie im Umgang mit anderen Menschen hemmen. Aber: Soziale Kompetenz kann man lernen!**

Selbstbewusst und kompetent auftreten – in drei Schritten lernen Sie,

- Ihre Rechte durchzusetzen,
- bestehende Beziehungen zu Lebenspartnern und Freunden befriedigend zu gestalten,
- neue Kontakte herzustellen und zu pflegen.

Zahlreiche Beispiele, Fragebögen und klare Regeln helfen bei der Umsetzung.